영작과 번역의 기술을 배우는 팝송 영어 3

저자 유현철

영작과 번역의 기술을 배우는 팝송 영어 3

Copyright 2008. Henry Yoo, 유현철

Printed in 2011 by Music Thyme Company

지은이 유현철

펴낸 곳 음악의 향기

표지 디자인 명성칼라

초판 2013년 3월 23일

인쇄 광동문화사

등록일 2013년 3월 8일

등록번호 제 2008-5

주소 ; 서울 영등포구 당산동1가 41-3 제2건물 3층

대표전화 0502-111-2020

e-mail   ; hp-english@hanmail.net,
           popjazzpiano@hanmail.net

ISDN 978-8994182-124-14740

ISDN 978-8994182-063-14740(Set)

값 15,000원

글쓴이의 말

  영어는 이제 선택의 외국어가 아니라 필수의 언어가 되고 있다. 대학 입시를 위한 중고생이나 취업을 준비하는 대학생만이 필요로 하는 것이 아니다. 회사를 다니는 직장인이나 자영업자 심지어는 주부들까지도 영어가 필요한 시대이다. 오랫동안 영어를 공부하고 영어를 사용하면서 영어를 배우는 데 보다 효율적이고 효과적인 방법이 있지 않을까 늘 고민하고 많은 생각을 하게 되었다. 그러다가 왜 우리는 10년이 넘게 영어 공부를 하고서도 미국의 7살 어린 아이보다 영어를 못하는 것일까 의문을 갖게 되었고 마찬가지로 한국어를 사용하는 7살 우리나라의 어린 아이는 어떻게 언어를 익히고 구사하는 것일까에 대한 생각으로 발전되었다.
  여기서 우리는 근본적인 의문에 대한 답을 생각하여야 한다. 미국의 어린아이가 과연 단어를 정확하게 알고 언어를 사용하는 것인지, 또 문법을 알고 말하는 것인지, 정확한 발음은 어떻게 알게 되는 것인지?
  어른들도 단어의 뜻을 정확히 알고 말하는 것이 아니다. 어떤 상황에서 어떤 말을 사용한 경험이 지속적으로 축적되어 적용하는 것이다. 문법은 우리말을 하는 우리도 국문법을 알고 말하지는 않는다. 충분히 우리의 말을 배우고 쓰고 익히면서 나중에 문법을 알게 되고 문법은 언어의 규칙을 정리하는데 도움을 주는 것이다. 여기서 보다 효과적이고 효율적인 영어의 학습 방법을 찾게 되었다. 그리고 이 방법을 적용하여 교육을 실시한 결과 대단한 효과를 보게 되었다. 고등학교를 졸업하고 거의 평생 영어를 사용하지 않은 사람의 수준 혹은 대학을 졸업하였다고 하여도 외국인과 한마디도 대화를 하지 못하는 수준의 사람에게 이 방법을 적용하였더니 6개월도 안되어 영작을 술술 하게 되었고 영작을 정확하게 구사한 후부터 자연스럽게 독해가 해결되었으며 회화도 쉽게 해결되었다.
  즉 우리가 영어를 효과적으로 배우는 가장 좋은 방법은 영작을 배우는데 초점을 맞추어야 한다는 것이다. 외국 사람의 발음을 알아듣지 못하여 회화를 못하는 것이 아니라 그보다 우선 말을 못하고 있었던 것이다. 그리고 영작을 하기 위해 영어의 규칙적인 패턴을 이용하게 되었고 영어의 말과 우리말의 차이점을 빨리 익히게 하는 방법을 찾게 되었다.

여기서 제시하는 팝송의 가사를 이용해서 영어의 규칙적인 패턴을 파악하고 문장의 뜻을 이해하며 영어와 우리말의 차이점을 파악한다면 영작이 매우 쉬워질 것이다. 책을 읽고 대화를 나누기 위해서는 언어의 구사 속도 또한 중요하다. 느린 속도로는 대화도 되지 않고 책을 이해할 수도 없기 때문이다. 그래서 속도를 위한 방법도 제시하였다.

　어떤 종류의 교육이든 취학 전 아동, 초등학생, 중고교생, 성인 들은 각각 다른 교육 방법을 선택하게 된다. 교육학자들은 성숙 정도에 따라 학습 방법론이 달라야 한다고 주장한다. 그래서 대상에 따라 국가에서는 각각 다른 자격증을 부여하고 있다.
이 책도 중, 고교를 졸업한 성인들에게 적합하도록 구성하였다. 물론 고등학교 학생 정도라면 충분히 이 방법을 터득할 수 있겠지만 아직도 우리나라의 고등학교 학생들은 대학 입시 위주의 공부를 하고 있기 때문에 입시를 위한 영어 학습에는 얼마나 도움이 될지 적용 실험이 필요하다.

　이 책의 방법대로 공부를 한다면 불과 1년 안에 영작을 마음대로 구사하고 책을 읽고 이해하며 회화를 할 수 있다고 확언한다. .

유현철

목 차

1. 번역과 영작의 기술을 공부하기 전에

1.1 왜 영어가 늘지 않는 거지?   9
1.2 가장 효율적인 영어 공부법은 바로 영작이다   14
1.3 이 책으로 공부하는 방법   18

2. 번역과 영작의 기술을 배우게 하는 팝송 영어

2.1 You are my sunshine   27
2.2 Sweet Caroline   45
2.3 I went to your wedding   63
2.4 Puff the magic dragon   79
2.5 Cotton Field   97
2.6 End of the world   109
2.7 Rhythm of the rain   127
2.8 Saddle the wind   147
2.9 Are you going to San Francisco   163
2.10 Sunrise Sunset   177
2.11 Who will stop the rain   191
2.12 Swing low Swing chariot   207
2.13 Crying in the rain   223
2.14 Mr. Lonely   241
2.15 Wayfaring Stranger   257
2.16 Be back home again   273

부록 1 팝송 영어 가사 모음   301
부록 2 영작과 번역을 위한 양식   317

Chapter 1. 번역과 영작의 기술을 공부하기 전에

1.1 왜 영어가 늘지 않는 거지?

영어를 10년 넘게 공부하였음에도 영어가 그다지 늘지 않는 이유는 학습 방법이 잘못 되었기 때문이다. 우리의 교육 내용과 방법은 너무 문장의 해석에 집중한다. 언어는 말이 우선이고 어느 정도 말로 소통한 다음에 문장을 쓰고 읽고 의미를 파악하는 것을 배워야 하는데 우리는 거꾸로 문장을 먼저 배운다. 즉 말을 전혀 배우지 않으니 말을 못하는 것이다.

말을 한다는 것은 스스로 문장을 만들어 내는 능력을 가졌다는 뜻이다. 어린아이는 단순한 문장을, 성인은 정규 교육을 받게 되면서 점점 복잡한 문장을 만들어 낼 수 있는 능력을 갖게 된다. 그러니까 영어로 말을 하려면 영어의 문장을 만들 줄 알아야 하는 것이다. 한마디로 영작을 배우지 않으면 영어를 배운다고 할 수 없는 것이다. 미국인을 만나서 한마디도 하지 못하는 이유는 알아 듣지 못해서는 두 번째 문제이고 일단 스스로 한 문장도 만들어 내지 못하니까 말을 못하는 것이지 두려움이나 경험 부족이 아닌 것이다. 불과 몇 마디 나누고 나면 바닥 나는 영작 실력으로 대화가 지속될 수 없는 것은 너무나 당연하다.

영작을 한다는 것은 문장의 구조를 이해하고 패턴을 인식한다는 것이다. 그리고 우리와 다른 언어를 사용하는 미국인 혹은 영국인의 관습이나 개념 나아가서는 보다 영어를 잘하기 위해서는 문화나 역사, 사회적 배경까지도 알아야 그 사람들의 말의 내용을 정확히 이해할 수 있게 된다. 영어는 다른 나라의 말이다. 문화와 풍습이 틀리고 언어를 구사할 때 사용하는 단어의 개념도 우리의 단어와 정확히 일치 하지 않는다. 그러므로 영어를 공부하기 전에 무엇이 한국어와 다른지 정확히 파악하고 있고 이 것을 해결하기 위한 학습의 커리큘럼과 코스웨어(courseware)가 만들어져야 한다.

어떤 것을 배우고자 할 때 가장 중요하고 뼈대가 되는 것을 먼저 익히고 그 다음 곁가지를 배워 나가는 순이 되어야 한다. 영어에서 가장 중요한 기본과 뼈대는 문법이 아니고 어순이며 가장 많이 사용하는 단어와 숙어 그리고 영어에만 존재하는 빈번하게 사용되는 그들만의 단어나 표현들이다.

일단 영어가 우리말과 완전히 다른 점을 먼저 파악하여야 한다. 그러면 어떻게 영어를 공부하여야 효과적이고 효율적이며 기본기를 탄탄히 다지는 것인지를 알 수 있다. 언어학자, 자동 통역기, 사람의 말을 알아 듣는 인공지능 로봇 등에서 어떻게 언어가 분석되고 분류되며 어떠한 방법으로 학습의 효과를 극대화하며 자동으로 프로그램화 하는지를 알면 영어 공부에도 크게 도움이 될 것이다.

첫째, 영어의 어순은 한국어와 다르다.

 우리말은 어순이 그다지 중요하지 않다. 조사가 있기 때문에 어순이 틀려도 의미를 전달하는 데는 아무런 지장이 없다. 하지만 영어는 조사가 없기 때문에 어순이 틀려지면 의미가 달라진다. 영어라는 언어는 어순에 의해 의미가 만들어진다.

둘째, 영어에만 존재하는 것들이 있다.

 관계대명사, 관사는 완전히 영어에만 존재하며 전치사, 접속사 일부도 영어에만 존재한다. 그리고 우리에게 없는 동사가 영어에는 있고 형용사나 부사도 마찬가지 이다.
단어의 의미도 정확히 일치 하지 않으며 속담이나 관용적인 표현 등도 영어에만 존재하는 것들이 있다.

셋째, 빨리 읽어야 대화도 하고 책도 읽는다

 영어뿐만 아니라 우리말도 빨리 말해야 대화를 할 수 있다. 느리게 말하면 상대방이 답답해서 대화에 응하지 않을 것이다. 책도 마찬가지이다. 너무 느리게 읽으면 의미 파악을 제대로 할 수 없다. 영어 시간에 선생님이 해석을 하면 문장 하나 하나는 들어 오지만 전체적으로 글의 뜻이 이해되지 않는 것과 마찬가지이다.
 소리 내어서 책을 읽어도 책의 내용을 파악할 수가 없다. 그것은 왜냐하면 근본적으로 눈의 속도보다 머리의 속도가 빠르기 때문이다. 눈의 속도와 머리의 속도가 다르면 머리는 다른 곳으로 관심을 바꾸고 만다. 즉 머리가 쉬고 있는 것을 머리는 참지 못한다. 그러니까 대화도 나누고 책도 읽고 신문도 읽으려면 최소한도의 속도를 내지 않으면 진행할 수가 없다. 그러므로 빠르게 읽고 이해하는 훈련을 쌓아야 한다. 영작을 배워야 하는 중요한 이유이다. 우리가 알고 있는 문장, 정확히 이해하고 있는 문장은 읽는 속도가 훨씬 빨리 증가한다.
 입에서 말하는 속도가 눈보다 느리기 때문에 말하면서 이미 눈은 다음 단어에 가 있을 것이고 머리는 그보다 앞서 어떻게 빨리 발음하고 말하고 하는 것까지 생각할 것이다. 그리고 이 부분은 누가 시켜서 하기가 어려운 부분이다. 그러므로 오로지 빨리 읽은 훈련을 위한 것과 빨리 이해하면서 읽는 것은 별도로 분리해서 방법을 찾아야 한다. 재미있게 할 수 있다면 금상첨화가 될 것이다. 이렇게 명확히 우리말과 다른 부분이 있다는 것을 먼저 유의하여야 한다. 즉 다른 부분을 확실하게 인식하고 구사할 수 있는 방법론이 필요한 것이다.

단어를 알고 말하는 것이 아니다.

 7살 어린 아이가 과연 단어의 정확한 의미를 알고 말하는 것일까? 어른들은 자기가 구사하는 모든 단어의 뜻을 알고 설명할 수 있을까? 한마디로 그렇지 않다. 단어를 구사하는 것이 아니라 이러한 상황에서 이러한 단어나 숙어 혹은 관용적인 표현을 사용할 줄 아는 것이다. 그래서 단어의 뜻만 열심히 외우는 것은 문장을 구사하는데 그다지 도움이 되지 않는다. 단어가 포함된 문장을 외워야 한다. 우리는 패턴 인식을 한다. 단어 하나 하나를 인식해서 의미를 파악하는 것이 아니라 문장 전체를 인식하고 이해한다. 어떤 익숙한 문장은 뒷부분을 읽지 않아도 그 뜻을 이해한다. 바로 그러한 문장들이 속담들이다.

 우리가 퀴즈 시간에 첫 몇 마디만 듣고도 단어나 속담을 맞추는 놀이를 하는 것도 패턴을 인식하기 때문이다. 인공지능 로보트를 개발할 때도 모든 단어를 기억할 수 있도록 데이터베이스에 저장하지 않는다. 그래서는 문장을 구사할 수 없으며 그렇다고 모든 문장을 기억 시킬 수도 없다. 그래서 패턴 인식이라는 방법을 통해 로보트가 스스로 학습하는 프로그램을 만든다. 즉 우리가 말하는 것은 단어의 나열이 아니라 패턴 인식을 하는 것이고 이를 통해 지금도 부단히 새로운 문장의 범위를 넓혀 가는 것이다.

 사람은 기억에 의존한다. 그러니까 기억을 하기 위해서는 반복이 필요하고 연습이 필요하다. 그리고 문장을 좀 더 잘 기억을 유지하려면 우리말과 영어를 같이 동시에 외워야 필요할 때 그 영어의 문장이 쉽게 떠오를 것이다. 보다 쉽게 문장을 외우는 방법은 뒤에서 소개한다.

"아는 것"과 "이해하는 것"은 다르다

 학교나 학원에서 단어가 포함하는 뜻 여러 가지를 열심히 외우지만 실제 회화나 문장에서는 과연 기억이 나서 사용할 수 있을까? 물론 해석을 할 때는 어느 정도 기억이 나겠지만 자기가 사용할 때는 떠오르지 않을 것이다.

 이 것이 "안다"와 "이해한다"의 차이이다. 우리가 신문을 읽을 때 사용하는 단어가 만일 5000 단어라면 글을 쓸 때 사용하는 단어는 분명 그보다 훨씬 적은 숫자일 것이다. 이해한다는 것은 완전히 자기의 것으로 소화하여 필요할 때 몸으로 말로 사용할 수 있다는 뜻이다. 예를 들면 우리가 많이 사용하는 속담이나 4字 성어의 경우 알고 있는 것은 무수히 많지만 실 생활에서 필요할 때 잘 구사하지 못하는 것을 알 수 있다. 즉 영어의 독해는 잘 하면서도 회화나 영작을 하지 못하는 것도 마찬가지의 이치이다. 그러니까 영작의 훈련을 하지 않으면 영어가 늘지 않는 것이다. 미국 7살 어린 아이의 발음이 어려워서 듣지 못하는 것은 두 번째 문제이고 자신 스스로가 말도 한마디 못하는 것이다.

영어책에서 사용하는 우리말은 우리말이 아니다

영어책에는 문장을 이해시키기 위해 우리말의 번역을 달아 놓는다. 바로 이 것이 문제이다. 여기서 사용하는 번역의 문장은 실제로 우리가 사용하는 문장이 아닌 국적 불명의 언어이다. 글자만 한글일 뿐이지 그렇게 말하는 사람도 없고 그러한 문장을 사용한 도서는 찾아 볼 수 없다.

예를 들어 보통 영어책에는 "나의 주머니 속에는 동전이 한 개 있습니다." 라고 되어 있다면 우리는 대화에서 이렇게 말하지 않는다. "동전은 내가 갖고 있는데" 혹은 "주머니에 동전이 있지" 라고 할 것이다.

위의 문장으로 영작을 하라면 잘 하는데 아래의 문장으로 영작을 하라면 같은 의미임에도 불구하고 영작을 하지 못한다. 물론 두 문장이 약간 뉘앙스가 다른 것은 사실이다. 그러나 우리가 영작을 하고 대화를 나눌 때 중요한 것은 일단 기본적인 의미 전달 능력부터 갖추고 나서 뉘앙스의 미묘한 차이를 표현할 수 있도록 언어의 구사 능력을 버전업 하여야 하는 것이다. 7살 어린아이가 주머니 속에 동전이 있다는 사실을 표현하는 정도만으로 우리의 영작 혹은 영어의 구사 능력을 1차적 목표로 하는 것이 좋을 것이다.

이렇게 우리가 사용하지 않는 말로 영어를 배우고 영작을 배우기 때문에 해석을 잘하지만 영작을 하지 못하는 것이다.
회화를 못하는 것의 반은 영작을 못하는 것이니까 결국 회화에서도 이 말을 영어로 못할 것이다.
우리가 실 생활에서 사용하는 말을 영어로 바꾸는 훈련이 필요한 것이다. 정확히 표현하면 생활 영어를 배워야 할 것이 아니라 생활 국어를 영어로 표현하는 방법을 배워야 할 것이다. 그래야 필요할 때 즉시 사용할 수 있는 것이다.
 영작 훈련이 필요한 또 하나의 중요한 이유이다.

1.2 가장 효율적인 영어 공부법은 바로 영작이다

우리가 10년이 넘게 영어를 공부하였음에도 불구하고 영어가 늘지 않는 이유는 영작을 하지 않기 때문이다. 사실 영작에 거의 모든 답이 있다고 해도 과언이 아니다. 영작을 하면 독해는 저절로 해결이 되고 회화도 거의 저절로 해결될 수 있다. 빨리 속도 있게 말하는 것도 문장의 의미를 아는 것과 밀접한 관계가 있다.

그렇다면 어떻게 영작을 보다 효과적으로 공부할 것인가? 위에서 왜 우리가 영어가 쉽게 늘지 않는지를 파악하였다. 바로 그 문제점을 해결할 수 있다면 가장 효율적으로 영작을 공부하게 될 것이다.

첫째, 영어에는 순서를 나열하는 일정한 패턴이 있다.

영어에서 순서를 나열하는 패턴이 바로 1,2,3,4,5 형식이다. 이 책에서는 형식이라는 표현 대신 패턴이라는 말을 사용할 것이다. 이 것은 법이나 규칙이 아니기 때문에 패턴이라는 말이 정확하다. 또 순서를 바꾼다고 해서 말이 되지 않는 것이 아니라 문장의 의미가 달라지기 때문에 형식이라는 말보다 패턴이라는 말이 더 정확한 표현이다.

영어의 패턴은 다섯 가지가 있으며 각각은 다음과 같다.

Pattern #1   S + V
(주어 + 동사)
Pattern #2   S + V + C
(주어 + 동사 + 보어)
Pattern #3   S + V + O
(주어 + 동사 + 목적어)
Pattern #4   S + V + O + O
(주어 + 동사 + 제1 목적 + 제 2 목적)
Pattern #5   S + V + O + C
(주어 + 동사 + 목적어 + 목적어의 보어)

이 것이 바로 영어의 단어를 나열하는 순서이다. 위에서 알 수 있듯이 가장 중요한 것은 Pattern #1부터 #5까지 (**주어 + 동사**)가 공통적으로 존재한다는 것이다.

그러므로 (주어 + 동사)만 찾아서 나열하면 영작의 반을 해결할 수 있다. 이 부분이 어려운 이유는 한국어에서 우리는 보통 주어를 생략하고 말하는 경향이 강하기 때문이다. 그래서 처음에는 주어를 찾기 힘들다. 또 하나는 우리말의 주어라고 해서 영어의 주어와 반드시 일치하지는 않는다. 대개의 경우는 맞지만 영어식 표현에서의 주어와 우리말의 주어는 약간 다르다. 이것은 영작을 하면서 발견해야 하는 부분이다.

그 밖에 부사, 형용사, 전치사들이 문장의 어느 순서에 오는지를 눈 여겨 보아 그 패턴을 알 수 있다면 영작에 큰 도움이 될 것이다. 그러나 실제 상황에서 사용하려면 아는 것만으로는 부족하고 필요할 때 즉각 떠올라야 한다. 그러기 위해서는 문장을 외워야 하는데 그냥 외우는 것보다 이렇게 문장의 구조나 순서를 알면 외우는 데 크게 도움이 된다. 그래서 팝송의 가사는 문장을 외우는 데 큰 역할을 한다.

우리가 어떤 것을 배울 때 소위 "감을 잡는 다"는 말을 곧잘 한다. 이 말은 영어에 있어 패턴을 의미하는 것이다. 어떤 구조나 형태를 파악하게 되어 스스로 무엇인가 창조할 수 있는 단계에 이르렀다는 말일 것이다. 패턴은 규칙이고 일정하게 반복되는 것이므로 영어의 패턴만 알면 일단 복잡하지 않은 패턴의 범위 내에 속하는 모든 문장을 만들어 낼 수 있을 것이다. 바로 이 부분이 영어의 가장 기초에 해당하는 부분이다.

순서와 더불어 존재하는 또 하나의 패턴이 시제이다.

현재, 과거, 미래, 혹은 완료형 등이 문장의 내용을 시기에 따라 분류한 것이고 이러한 시제들의 표현 방법은 시기에 따라 일정한 패턴을 갖는다. 영어는 조사가 없기 때문에 동사를 시점에 맞추어 변화 시키거나 조동사를 활용한다. 조동사는 따로 문법처럼 익히는 것보다 동사와 합쳐서 익혀두는 것이 패턴 인식에 더 좋은 효과가 있으며 실제 대화에 사용할 때도 훨씬 유용하다.

둘째, 영어에만 존재하는 단어나 표현들을 익혀야 한다.

 영어에는 우리말에 존재하지 않는 관계대명사, 관사 들이 있고 전치사나, 접속사들 일부도 있다. 또는 동사나 형용사, 부사 등도 영어에만 존재하는 단어가 있으며 속담이나 사자성어처럼 영어에만 존재하는 관용적인 표현들이 있다.

 이러한 것들은 외우는 방법 밖에 없다. 그러나 이 역시 문법을 먼저 익히고 문장을 익힐 필요는 없다. 문법은 우리가 어느 정도 문장을 구성할 수 있을 때 나중에 한꺼번에 과학적인 질서와 분류를 정리해주는 것이지 문법을 처음부터 익혀서 문장을 만들어 내기는 너무 힘들다. 말을 한다는 것은 순간적으로 패턴의 문장을 입에서 뱉어 내야지 머리 속으로 생각을 해서 만들어내는 속도로는 대화는커녕 편지도 제대로 한 장 쓰기 어렵다.

 이렇게 영어에만 존재하는 표현 역시 영작을 통해서 머리 속에 확실하게 기억 시켜야 한다. 모든 영어식 표현을 다 외우고 익힐 수는 없다. 첫 번째 단계에서는 미국의 7살 어린아이 수준, 생활에 필요한 정도의 수준에 맞추어 필요한 문장 구성력을 목표로 하고 차근차근 실력을 쌓아 가면 된다. 영작을 할 때 기본 패턴에 따른 영작 수준에 다다르면 이러한 영어만의 표현을 하나씩 추가하며 익히면서 자기의 것으로 만들어야 한다. 영어 일기, 영어로 메일 쓰기, 한글로 된 간단한 책이나 블로그 등을 영어로 만들어 보기 등을 통해서 지속적으로 영작을 연습하여야 필요할 때 사용할 수 있다.

셋째, 빨리 읽는 연습이 필요하다.

 느린 속도로는 대화를 나눌 수 없다. 어느 정도의 말하는 속도를 낼 수 있도록 연습을 하여야 한다. 책을 읽는 것도 마찬가지이다. 너무 책을 읽는 속도가 느리면 오히려 책의 내용을 파악할 수 없다. 두뇌의 속도가 눈이나 말보다 빠르기 때문에 두뇌가 의미를 파악할 수 있는 정도의 속도에 맞추어서 읽어야 내용과 의미의 파악이 가능하다.

 너무 읽는 속도가 빠르면 내용 파악은 가능할지 모르지만 정확한 의미 파악이 되지 않는다. 그 것은 우리말로 된 책을 읽을 때도 물론 마찬가지이다.

 그러므로 일단 영어의 문장이 파악이 되면 말하는 속도를 낼 수 있도록 지속적인 읽는 연습이 필요하다. 읽으면 발음도 좋아지고 빨리 읽게 되면 들리는 거도 훨씬 잘 들린다. 자기가 정확히 알고 있는 문장을 언어 대화의 속도로 읽게 되면 영어 청취력은 저절로 좋아진다. 들린다는 것은 자기가 아는 것만큼 이해하는 것이다. 아무리 영어 회화를 잘해도 모르는 단어나 문장을 알아 들을 수는 없다.

 읽는 속도를 재미 있게 증가 시기기 위해 시간의 목표를 정해 놓고 읽을 때마다 시간을 재서 향상 하고 있는 모습을 스스로 체크하면 재미도 있고 덜 지루하다. 특히 미국 영어는 무척 빠르다. 캘리포니아 중심의 서부 영어는 빠른 영어를 구사하는 것을 매력으로 알고 있을 정도이다. 빨리 영어를 말하면 빨리 말할 때 영어의 발음이 어떻게 변화되는지 느낄 수가 있다. 마치 우리말의 구개음화나 연음 법칙처럼 영어도 빨리 말하게 되면 단어가 연이어 나오면서 발음이 변화되게 되는데 말하는 속도를 높이다 보면 이러한 부분이 저절로 해결될 것이다. 그리고 당연히 말을 할 수 있다면 들리는 것도 아주 쉽게 해결된다.

1.3   이 책으로 공부하는 방법

이 책은 총 16곡의 팝송으로 구성되어 있다. 그리고 1개의 패턴마다 3곡씩이 선정되어 있으며 각각의 팝송은 한글 가사 부문, 영어 부문, 영작 부문 등 3부분으로 나뉘어져 있다.
한글 부문이 먼저 있는 것은 영작의 훈련을 쌓기 위함이다. 먼저 한글 가사의 의미를 완전히 파악하고 내용을 안 다음 팝송의 영어 문장을 보면 어떻게 영어로 표현되는지를 알기 위해 두뇌의 움직임이 활발해 질 것이다. 그렇게 우리말로 된 문장이 어떻게 영어로 표현되는 지를 아는 것은 영작의 좋은 훈련이 되며 영어 문장의 구조를 파악하는데도 좋은 훈련이 된다.

1. 한글의 문장을 영어의 순으로 바꾸는 연습
한글로 번역된 가사를 보고 영어의 주어 + 동사의 순으로 바꾸는 과정을 공부하게 된다. 이 방법을 통해 한글의 문장이 영어의 Pattern 1~5 중 어느 것에 해당하는지를 파악하게 될 것이다.
또 한가지는 우리가 사용하는 언어와 영어식 언어의 표현 방법이 어떻게 다른지를 느끼게 될 것이다. 이러한 차이는 근본적으로 주어를 생략하고 말하는 우리말의 특징과 영어에서 주로 사용되는 Be 동사의 차이에서 비롯된 것이 많다. 영어의 Be 동사는 어디까지나 동사이지만 우리말로 번역하면 "~입니다"의 조사로 바뀌는 경우가 많기 때문에 이렇게 한글을 영어의 어순과 표현으로 바꾸는 연습은 매우 중요하다.
영어의 Pattern 순으로 바꿀 때 기본 Pattern에 영향을 주지 않는 요소들 즉 부사나 형용사 등은 분리해서 기재하였으므로 이를 통하여 부사나 형용사들의 위치를 파악할 수 있게 된다. 구태여 부사니 형용사니 하는 문법적인 명칭을 알 필요는 없으며 이 과정을 통해 자연스럽게 느낄 수 있게 된다.

긴 문장도 여러 개의 문장으로 구성되어 있다
아무리 긴 문장도 자세히 들여다 보면 여러 개의 문장으로 구성되어 있고 그 중에서 가장 중요한 의미가 담긴 문장이 있다. 영어에서는 이 문장이 가장 앞에 나올 가능성이 크다. 나머지 문장들은 이 문장을 보완 설명하거나 조건을 제시하는 것이 대부분이다. 만일 그렇지 않다면 시간의 순서로 발생하는 순일 것이다.
이 때 영문법에서는 가장 기본적인 뼈대를 이루는 문장을 제외한 문장을 "절"이라고 한다.
부사나 형용사 등의 나열의 순도 자세히 살펴보면 중요한 순서일 경우가 대부분이다. 이 부분을 참고로 알고 있으면 문장의 구조를 파악하는데 도움이 되고 문장의 구조를 확실히 인지하면 훨씬 쉽게 외워진다. 이러한 훈련의 과정이 처음에는 다소 생소하고 이상하게 느껴질 수 있지만 조금만 진행을 하다 보면 금방 익숙하게 될 것이고 스스로 Pattern을 구분할 수 있을 것이다.

2. 영어의 문장을 Pattern의 순으로 바꾸는 연습

영어의 문장을 시작하기 전에 일단 영어의 팝송 가사를 읽어 본다. 가사의 하단에 목표 시간을 제시하였으므로 초시계를 이용하여 시간을 재어 보고 이 단원이 다 끝난 후 읽는 시간을 비교하여 보면 문장을 이해하고 구조를 이해하는 것이 읽는 시간을 얼마나 단축 시키는지 알 수 있을 것이다.

또 영어의 문장을 보면서 이미 알고 있는 내용이기 때문에 두뇌는 자연스럽게 영어가 어떻게 표현되는지 단어의 순서와 위치가 어떻게 전개되는지 집중될 것이다. 이렇게 일단 영어 가사 전체를 파악하고 다시 순서를 파악하는 연습의 단계로 진행한다.

한글 문장을 영어의 순으로 바꾸기만 하면 이 것을 영어로 영작하는 것은 매우 쉬워진다. 해당하는 단어로만 바꾸기만 하면 거의 90%는 완성될 것이다. 이렇게 영어의 순으로 바뀐 한글을 보면서 팝송의 가사를 보게 되면 자기가 생각한 영어의 문장과 팝송에서 사용된 문장의 차이를 알게 될 것이다. 만일 번역이 틀리지 않았다면 이 부분이 전 세계적으로 통용될 수 있는 영어 문장이 될 것이고 미국 사람에게 이해가 되지 않는다면 영어에만 존재하는 독특한 표현이 될 것이다.

영어의 가사를 보고 다시 영어의 Pattern 순으로 나열하는 연습이 필요하다. 이 과정을 통해 정확히 어순을 파악할 수 있게 된다. 그리고 명사나 동사의 앞 뒤에 오는 부사, 형용사, 전치사들을 파악할 수 있게 된다. 이 부분을 확실히 아는 것은 매우 중요하다. 영작을 할 때 자신 있게 이러한 단어의 위치를 찾아 영작을 할 수 있기 때문이다.

여러 개의 문장으로 나누어져 있는 것은 1-1, 1-2, 1-3, ….의 순으로 작성되었다. 즉 "1"의 문장에 종속되는 문장 즉 절에 해당된다. 간혹 "1"보다 "1-1"이 먼저 나오는 경우는 조건절이나 도치 등의 이유로 본문장보다 먼저 사용된 경우이다. 그 때도 문장의 뜻을 잘 이해하면 왜 본문보다 앞에서 사용되었는지 깨닫게 된다.

3. 문장의 분석

마지막 3번 '문장의 분석'에서는 팝송의 가사 중에서 영어 공부에 도움이 되는 문장을 선택하여 문장의 구조를 이해하기 위한 분석의 내용이 쓰여있다. 예를 들면 몇 개의 문장으로 구성된 문장인지 복수의 문장으로 구성된 문장은 문장과 문장 사이에 어떤 관계로 엮인 것인지 등을 분석하고 있으며 각 문장은 5개의 영어 형식 중 몇 형식인지 또 동사의 시제가 무엇인지에 대한 설명을 하였다.

이러한 문장의 분석은 정확한 문장의 번역을 위해 필요하며 정확하게 완전히 문장을 이해한다면 영어 공부에 도움이 되는 것은 물론 영작을 할 때 큰 도움이 될 것이다. 우리가 영어를 오랫동안 공부하였음에도 불구하고 영어 실력이 잘 늘지 않는 또 하나의 이유가 정확하게 배우지 않았기 때문이다. 정확하게 배워야 내 것이 될 수 있으며 공부가 되는 것이다.

한가지 알아야 할 것은 형식을 설명하기 위해 동사의 범위를 확장하여 설명하였다는 것이다. 이 점은 종래의 다른 영어 책이나 문법책에서 다룬 것과는 약간 다를 수 있음을 미리 알려 둔다. 즉 동사를 단어 하나로 국한하지 않고 (동사 + 부정의 단어 + 전치사)까지로 그 범위를 확대하였다. 이 점은 동사의 의미를 보다 정확하게 이해하기 위함이고 또 나아가서는 후에 번역을 하거나 영작을 할 때 사용성이 좋기 때문이다. 그러므로 여기서 동사의 범위는 이 책의 저자인 필자 본인의 주장임을 밝혀 둔다.

특히 'be + 과거분사'도 하나의 동사로 취급하였음을 미리 밝힌다. 보통 이러한 경우 다른 영어책에서는 과거분사를 형용사로 취급하여 문장의 형식을 구분할 때도 P 2이라고 하였으나 본인은 이 부분을 동사 전체로 구분하였다. 'have + 과거분사'나 'be + 현재분사'도 동사의 범위에 포함하는 것처럼 동사로 구분하는 것이 더욱 합리적이고 동사에 대한 공부를 하는데도 도움이 되기 때문이다. 이 부분은 다른 책들과 주장이 다르고 이 책에서만 동사의 공부를 위해 정의한 것이므로 혼동이 없기를 바란다.

마지막 마무리 공부

 영작까지 연습이 완료되면 2가지를 추가로 보완하는 것이 좋다. 첫째, 팝송의 가사와 영작 문장의 읽기 연습을 통해 최대한 시간을 단축 시키도록 한다. 이러한 읽기의 연습은 발음이 좋아지고 자연스럽게 암기의 효과가 있을 뿐만 아니라 원어민의 발음도 쉽게 들릴게 하는데 크게 도움이 된다.
 둘째, 팝송 음악을 구해서 음악을 들으며 받아 쓰는 연습을 하면 더욱 원어민의 발음을 듣는 연습이 될 것이다. Play와 Stop 버튼을 사용해서 한 개의 문장씩 받아 쓰는 연습은 큰 효과를 보게 될 것이다. 만일 여러 가수가 부른 버전을 구할 수 있다면 각각 다른 발음의 차이를 느끼게 되기 때문에 훨씬 좋은 듣는 연습이 될 것이다.
 팝송은 아주 좋은 영어 교재이다. 대개 거의 모든 팝송은 가사에 사용하는 단어가 비교적 쉽다. 대중 가요의 가사를 어렵게 쓸 리 만무하다. 쉬운 단어로 매우 다양한 표현을 볼 수가 있다. 우리가 알고 있는 단어로도 영어만 잘 한다면 팝송에서 표현하는 정도의 영어를 충분히 구사할 수 있을 것이다. 물론 영어 가사의 표현은 매우 시적이고 간결하며 은유가 많아 그 정도의 영작 실력을 갖추는 것은 쉽지 않을 것이지만 적어도 그 정도에 준하는 문장 구성은 할 수 있을 것이다.
 우리가 영어를 배우는 1차적인 목적은 생활에 있고 대부분의 생활은 영어로 소통하는 것을 의미한다. 여행을 하고 비즈니스를 할 수 있다면 1차적인 목적은 달성된 것이다. 2차적인 목적은 책이나 신문 등을 읽고 이해하는 것이다. 더 많은 어휘력이 요구된다.
 마지막으로 영화나 TV를 보고 완전히 이해하는 것인데 이렇게 유창한 영어를 구사하기 위해선 우리말처럼 평소에 늘 미국의 신문과 미국의 TV, 영화를 보면서 생활하여야 한다. 그리고 미국의 역사, 문화, 사회적, 정치적 배경 등에 대하여 알고 있어야 가능한 일이다. 한국어를 아무리 유창하게 해도 드라마 "대장금"을 보지 않은 사람이 갑자기 드라마를 보고 이해할 수는 없는 것이다. 유창한 고급 한국어를 구사하기 위해 필요한 공부가 유창한 고급 영어에서도 동일하게 필요하다.

4. 번역의 연습

  번역을 할 때 가장 중요한 점은 정확한 번역을 하여야 한다는 것이다. 대충 번역을 해서 대략적인 느낌을 갖고 우리말로 옮기게 되면 일단 틀릴 가능성이 높고 무엇보다 영어 공부를 하는데 도움이 되지 않는다는 점이다. 정확하게 번역을 하여야 영어와 우리말의 차이를 확실하게 느끼게 되고 다음 번 번역을 할 때 실수를 방지할 수 있게 되는 것이다. 또한 정확한 번역은 결국 영작을 할 때도 도움이 된다. 그러므로 정확한 번역이 필요하다.

  이 책은 정확한 번역을 위해 아주 중요한 단계별 연습이 자연스럽게 이루어질 수 있도록 제작되었다. 팝송의 가사를 보고 단계별로 번역되어 있는 부분을 읽고 난 다음 제일 처음 순서부터 차례로 번역의 연습을 해 보는 것이다. 영어의 문장을 보고 1단계 번역인 문장의 개수를 파악하는 것 그 다음은 먼저 주어, 동사만 먼저 번역을 하는 것, 다음은 문장의 형식을 파악하는 것, 그리고 복문장의 경우 문장과 문장의 관계를 파악하고 마지막으로 완벽한 번역에 도전하는 것이다.

  처음부터 끝까지 도전하는 것보다 일단 1단계나 2단계까지 부분 번역의 훈련을 거친 후 다음 단계에 도전하면 아주 좋은 번역의 훈련이 될 것이며 나중에는 번역의 기술을 터득하게 될 것이다.

5. 영작의 연습

  영작의 방법은 번역의 반대의 과정이라고 볼 수 있다. 하지만 충분하게 번역 연습을 한 후에 도전하는 것이 좋다. 번역 훈련도 넓은 의미의 영작 훈련이기 때문이다. 번역을 많이 연습하다 보면 자연스럽게 영어 문장의 구조와 순서, 위치에 대하여 파악이 된 상태이기 때문에 영작에 큰 도움이 될 것이다.

  영작의 연습은 한글로 번역되어 있는 팝송의 가사를 보고 시작한다. 번역과 마찬가지로 우선 한글의 문장을 영어로 영작한다는 가정하에 영어문장으로 먼저 구분하는 것이다. 영어에는 우리 한글에 있는 조사가 없기 때문에 이 조사에 대한 처리가 가장 어려울 수 있다. 이러한 영작 훈련을 통해서 조사를 필요에 따라 영어로 바꾸는 경험을 하게 될 것이다.

그 다음 단계는 문장으로 구분된 각각의 문장에서 주어, 동사를 찾는 것이다. 그리고 동사의 시제를 결정하고 몇 형식으로 표현할 것이냐를 결정하면 거의 90%단계에 이미 와 있게 된다. 영작의 과정은 주어와 동사를 찾는 훈련이라고 해도 과언이 아니다. 그리고 동사의 시제만 결정하면 문장의 50%는 완성을 하게 된다. 그리고 5형식에 맞도록 영어로 바꾸고 마지막으로 5형식을 벗어나는 단어를 그 뒤에 중요한 순서대로 나열하면 90%가 완성된다. 이 각각의 문장에 복문장을 찾아 연결만 하게 되면 완벽한 번역을 하게 된다.

　이 팝송의 단계별로 한글 가사를 영어로 바꾸는 훈련을 하면서 각각의 단계별로 있는 영어의 문장과 비교하면서 이 책을 끝까지 공부하게 되면 영작과 번역의 기술이 발전되어 있을 뿐만 아니라 매우 과학적이고 체계적인 영작과 번역의 기술을 통해 어떠한 문장의 번역이나 영작도 가능하게 될 자신감이 들게 될 것이다.

Chapter 2. 영작을 배우게 하는 팝송 영어3

2.1 You are my sunshine

1940년 지미 데이비스(Jimmy Davis)와 찰스 미쳴(Charles Mitchell)이
같이 부른 노래이다. 가사의 내용은 이별의 슬픔을 이야기하고 있지만
멜로디는 밝고 리듬은 빠르고 경쾌하다.
전형적인 컨트리음악의 리듬으로 주로 많이 부르지만
포크에 가까운 부드럽고 잔잔하게 기타 반주에 맞추어
리듬이 강하지 않게 불러도 좋은 음악이다.
1948년 Jimmy Davis가 루지아나 주지사로 입후보 하였을 때
Davis is Sunshine 이라는 선거용 노래로 바꾸어 불러
당선에 크게 기여된 홍보곡으로 알려져 있다.

단순하고 아름다운 멜로디로 인해 누구나 쉽게 따라 부르기에 좋다.
한 때 우리나라에서도 전국민이 부르는
건전 가요에 항상 손꼽히는 노래였다.
미국에서도 Bing Crosby, Ray Charles, Anne Murray 등
너무나 많은 가수들이 자신만의 버전으로 불러
독특한 노래의 형태를 보여주었다.

사실 가사도 다른 팝송에 비하면 매우 쉬운 내용으로 되어 있고
짧기 때문에 영어를 그다지 잘하지 못하는 사람도
이 노래만큼은 쉽게 외워서 부를 수 있었다.
후렴 부분을 어떤 가수들은 먼저 부르기도 한다.
가사의 내용이 있고 후렴의 내용이 반복되는
전형적인 16마디 포크 음악의 형태를 띠고 있다.
후렴이 아닌 부분의 가사를 바꾸어 부를 때도 많고
이 부분을 돌아가면서 솔로로 불러도 멋지게 들린다.

2.1.A 한글 부분

You are my sunshine

내가 누워 잠자던 그날 밤
난 내가 당신을 내 두 팔에 안는
꿈을 꾸었어요.
그러나 내가 눈을 떴을 때,
난 잘못된 상태였죠
그리고 머릴 숙이고 울었어요
당신은 전에 내게 한번 말했었죠,
날 정말로 사랑하며
누구도 우리 사이에 올 수 없을 거라고요.
그러나 지금 당신은 나를 떠나 버렸고
다른 사람을 사랑하죠.
당신은 나의 꿈 모두를
엉망으로 만들고 말았어요.

당신은 나의 태양이에요,
나의 하나뿐인 태양이지요.
당신은 온통 하늘이 잿빛일 때
날 행복하게 만들어요.
내가 당신을 얼마나 사랑하는지
당신은 결코 알지 못할 거에요.
제발 나의 태양빛을 멀리 데려가지 마세요

2.1.A-1 영작 1단계 - 문장 찾기와 여러 개로 구분하기

1	내가 누워 잠자던 그날 밤
1-1	나는 꿈을 꾸었어요.
1-2	내가 당신을 두 팔에 안는
2	그러나 내가 눈을 떴을 때
2-1	난 잘못된 상태였죠
2-2	그리고 머리를 숙이고
2-3	나는 울었어요
3	당신은 나의 태양이에요
4	당신은 날 행복하게 만들어요
4-1	온통 하늘이 잿빛일 때
5	당신은 결코 알지 못할 거에요
5-1	내가 당신을 얼마나 사랑하는지
6	제발 나의 태양빛을 멀리 데려가지 마세요
7	당신은 전에 한번 말했었죠
7-1	날 정말로 사랑하며
7-2	누구도 우리 사이에 올 수 없을 거라고요
8	그러나 지금 당신은 날 떠나버리고
8-1	당신은 다른 사람을 사랑하죠
9	당신은 나의 꿈 모두를 엉망으로 만들고 말았어요

2.1.A-2 영작 2단계 - 주어, 동사 찾기와 동사의 시제 결정하기

1	내가 누워	과거
1-1	나는 꿈을 꾸었어요.	과거
1-2	내가 당신을 안는	과거
2	그러나 내가 눈을 떴을 때	과거
2-1	난 잘못된 상태였죠	과거
2-2	그리고 머리를 숙이고	과거
2-3	나는 울었어요	과거
3	당신은 태양이에요	현재
4	당신은 만들어요	현재
4-1	온통 하늘이 잿빛일 때	현재
5	당신은 알지 못할 거에요	미래
5-1	내가 사랑하는지	현재
6	데려가지 마세요	현재
7	당신은 말했었죠	과거
7-1	사랑하며	과거
7-2	누구도 올 수 없을 거라고요	과거
8	당신은 날 떠나버리고	현재완료
8-1	당신은 사랑하죠	현재
9	당신은 엉망으로 만들고 말았어요	과거

2.1.A-3 영작 3단계 - 문장의 형식 결정

1	내가 누워 잠자던 그날 밤	P1
1-1	나는 꿈을 꾸었어요.	P3
1-2	내가 당신을 두 팔에 안는	P3
2	그러나 내가 눈을 떴을 때	P1
2-1	난 잘못된 상태였죠	P1
2-2	그리고 머리를 숙이고	P3
2-3	나는 울었어요	P1
3	당신은 나의 태양이에요	P2
4	당신은 날 행복하게 만들어요	P5
4-1	온통 하늘이 잿빛일 때	P2
5	당신은 결코 알지 못할 거에요	P3
5-1	내가 당신을 얼마나 사랑하는지	P3
6	제발 나의 태양빛을 멀리 데려가지 마세요	P3
7	당신은 전에 한번 말했었죠	P4
7-1	날 정말로 사랑하며	P3
7-2	누구도 우리 사이에 올 수 없을 거라고요	P1
8	그러나 지금 당신은 날 떠나버리고	P3
8-1	당신은 다른 사람을 사랑하죠	P3
9	당신은 나의 꿈 모두를 엉망으로 만들고 말았어요	P3

2.1.A-4 영작 4단계 - 영어의 Pattern 순서로 위치 변경하기

no	S	V	C or O	O or C	P#
1	-그날 밤 내가	누워	잠자던		1
1-1	나는	꿈을 꾸었어요	1-2		3
1-2	내가	안는	당신을	두 팔에	3
2	-그러나 내가	눈을 떴을 때			1
2-1	난	잘못된 상태였어요			1
2-2	그리고 (나는)	숙이고	머리를		3
2-3	그리고 나는	울었어요			1
3	당신은	이에요	나의 태양 나의 오로지 태양		2
4	당신은	만들어요	나를	행복하게	5
4-1	-때 하늘이	이다	잿빛		2
5	당신은	결코 알지 못할 거에요	5-1		3
5-1	-얼마나 내가	사랑하는	당신을		3

6	-제발 (당신은)	가져가지 마세요	나의 태양을 뗴리		3
7	당신은	말했었죠	나에게	7-1 -전에	4
7-1	당신은	정말로 사랑해요	나를		3
7-2	누구도 아니에요	올 수 없어요	-사이에		1
8	-그러나 당신은	떠나버렸어요	나를		3
8-1	당신은	사랑하죠	다른 사람을		3
9	당신은	엉망으로 만들고 말았어요	나의 꿈 모두를		3

2.1.B 영어 부문

You are my sunshine

The other night, Dear,
as I laid sleeping
I dreamed I held you in my arms
But when I awoke, Dear,
I was mistaken
and I held my head and I cried

(refrain)
You are my sunshine, my only sunshine
You make me happy
when the skies are grey
You'll never know, Dear,
how much I love you
Please don't take my sunshine away

You told me once, dear,
you really loved me
and no one else could come between
But now you've left me and love another
You have shattered all of my dreams

(* 읽기 목표 시간 – 30초)

2.1.B-1 번역 1단계 - 문장 구분하기

1	The other night, dear, as I laid sleeping
1-1	I dreamed
1-2	I held you in my arms
2	But when I awoke, dear
2-1	I was mistaken
2-2	and I held my head
2-3	and I cried
3	You are my sunshine, my only sunshine
4	You make me happy
4-1	when the skies are grey
5	You'll never know, dear
5-1	how much I love you
6	Please don't take my sunshine away
7	You told me once, dear
7-1	you really loved me
7-2	and no one else could come between
8	But now you've left me
8-1	and (you) love another
9	You have shattered all of my dreams

2.1.B-2 번역 2단계 - 주어, 동사 찾기와 동사의 시제 파악

1	I laid	과거
1-1	I dreamed	과거
1-2	I held	과거
2	I awoke	과거
2-1	I was mistaken	과거
2-2	I held	과거
2-3	I cried	과거
3	You are	현재
4	You make	현재
4-1	the skies are	현재
5	You'll never know	미래
5-1	I love you	현재
6	Don't take	현재
7	You told	과거
7-1	you really loved	과거
7-2	no one else could come	과거
8	You've left	현재완료
8-1	and (you) love another	현재
9	You have shattered	현재완료

2.1.B-3 번역 3단계 - 문장의 형식 파악

1	I laid	P1
1-1	I dreamed	P3
1-2	I held you	P3
2	I awoke	P1
2-1	I was mistaken	P1
2-2	I held my head	P3
2-3	I cried	P1
3	You are my sunshine, my only sunshine	P2
4	You make me happy	P5
4-1	skies are grey	P2
5	You'll never know	P3
5-1	how much I love you	P3
6	Please don't take my sunshine away	P3
7	You told me	P4
7-1	you really loved me	P3
7-2	no one else could come	P1
8	But now you've left me	P3
8-1	and (you) love another	P3
9	You have shattered all of my dreams	P3

2.1.B-4 번역 4단계 - 복문장의 경우 문장과 문장간의 관계 파악

1	I laid sleeping	1-1과 대등한 상태의 문장
1-1	I dreamed	1-2가 1-1의 목적어(목적절)
1-2	I held you in my arms	1-1의 목적어 문장
2	When I awoke	2-1 문장에 대한 상황
2-1	I was mistaken	2번 문장 상황에 따른 결과
2-2	I held my head	2번 문장 상황에 따른 결과
2-3	I cried	2번 문장 상황에 따른 결과로 2-1,2-2,2-3이 나란하게 나열
4	You make me happy	
4-1	when the skies are grey	4번 문장에 대한 조건
5	You'll never know	
5-1	how much I love you	5번 문장의 목적어(목적절)
7	You told me	7-1과 7-2가 직접목적어(직접목적절)
7-1	you really loved me	7번 문장의 1번째 직접목적어 (직접목적절)
7-2	no one else could come between.	7번 문장의 2번째 직접목적어 (직접목적절)
8	You have left me	
8-1	and (you) love another	8번에 이은 또 하나의 설명하는 문장

2.1.B-5 번역 5단계 - Pattern의 순서로 분리

No	S	V	C or O	O or C	P#
1	-The other night, dear -as I	laid	sleeping		1
1-1	I	dreamed	1-2		3
1-2	I	held	you	-in my arms	3
2	-But -when I	awake	Dear		1
2-1	I	was mistaken			1
2-2	and I	held	my head		3
2-3	-and I	cried			1
3	You	are	my sunshine my only sunshine		2
4	You	make	me	happy	5
4-1	-when the skies	are	grey		2

5	You	will never know	5-1	Dear	3
5-1	-how much I	love	you		3
6	Please (you)	don't take	my sunshine away		3
7	You	told	me	7-1 -and 7-2	4
7-1	you	really loved	me		3
7-2	-and no one else	could come	between		1
8	But now you	have left	me		3
8-1	-and (you)	love	another		3
9	You	have shattered	all of my dreams		3

2.1.C. 주요 문장 분석

You told me once, dear you really loved me and no one else could come between..

3개의 문장으로 구성
(1) You told me once (2) and (3)
　　의역 – 당신이 나에게 한 때 말했었지요
　　(주어 + 동사 + 제1목적어(간접목적어) + 제2목적어(직접목적어)
　　; P4-과거)

　　4형식의 문장은 2개의 목적어를 갖게 된다. 2개의 목적어 중 앞에 위치하는 것을 제1목적어(간접목적어)라고 하고 뒤에 위치하는 것을 제2목적어(직접목적어)라고 한다. 제1목적어는 주로 사람이 오는데 '~에게'의 의미를 갖는다.
　　위의 문장은 직접목적어 자리에 단어 대신 문장이 온 것이다. 또 '그리고'인 'and'로 연결하여 또 하나의 직접목적어 대신 문장이 온 것이다. 그러니까 2개의 직접목적어 대신 2개의 문장이 온 것이다. 구태여 말한다면 직접목적절이라고 할 수 있다.

(2)　you really loved me
　　의역 – 당신이 진심으로 나를 사랑했다고
　　(주어 + 동사 + 목적어 ; P3-과거)

　　이 문장은 (1)번 문장의 직접목적어 대신 문장으로 온 것이다. 여기서 언급한 'you'는 (1)번 문장의 'you'와 주어가 같다. 이러한 표현을 '간접화법'이라고 한다. 실제의 주어와 시제로 표현하는 방법이다.

그 반대의 경우가 '직접화법'이라고 하는데 실제 말하는 것과 같게 글로
표현하는 방법이다. 위의 경우를 예로 들면

You told me "I really love you".

라고 하게 되는데 마치 바로 앞에서 말하듯이 문장을 표현하였다. 이렇게 말하듯
표현하는 형태를 문자로 표현할 때는 위와 같이 문장의 시작과 끝을 이중따옴표
로 앞 뒤를 막아주어야 한다. 실제 말하듯 하는 것이므로 당연히 주어를 'I'로
표현하였고 시제도 말한 당시의 시제를 그대로 사용하였다.

(3) and no one else could come between.
　　직역 – 다른 없는 사람이 사이에 올 수 없어요.
　　의역 – 다른 누구도 우리 사이에는 올 수가 없어요.
　　(주어 + 동사 ; P1-과거)

위의 문장도 (1)번 문장의 직접목적어 대신 문장으로 온 것이다.
(1) 번 문장의 말을 한 시제가 과거이므로 이 문장도 과거로 표현하였다.
그래서 'can' 대신 'can'의 과거인 'could'를 사용한 것이다.

2.2 Sweet Caroline

1969년 Neil Diamond가 작곡하고 직접 부른 노래로 전 세계적으로 이 노래가
히트하면서 그의 대표곡이 되었다.
그는 1941년 미국 뉴욕의 아주 가난한 집에서 태어나 정규 교육을
제대로 받지 못하고 자랐지만 음악에 대한 열정과 재능을 발휘해
13살부터 거리의 뮤지션들과 어울려 음악생활을 하게 된다.
대부분의 곡을 자신이 스스로 작곡하고 부르면서
음악적 재능은 인정을 받게 된다.
그러다 자신의 첫 앨범을 냈지만 그다지 성공을 못하고
어렵게 음악 생활을 이어가던 중 싱어송 라이터인 어느 작곡가 부부의 요청으로
20살 때부터 작곡에 전념하게 되고 이 때부터 그가 작곡한
곡들이 공전의 히트를 하면서 작곡가로서 성공하고 히트 메이커라는 별명도 얻게 된다..
1964년 자신이 직접 작곡하고 부른 노래 'Solitary Man'이 공전의 시트를 하면서
드디어 가수로서의 입지도 탄탄하게 열리게 된다.
1969년 발표한 'Sweet Caroline'은 그 해 최고의 히트곡으로 선정될 만큼
전 세계적으로 대성공을 거두게 된다.
1972년 발표한 'Song Song Blue'도 우리나라에 알려진 그의 최고
히트곡 중 하나이다. 특히 1973년 소설로도 유명한 '갈매기의 꿈'의
영화 음악을 맡으면서 그는 최고의 전성기를 맞게 된다.
그의 음악의 강점은 아름답고 부드러운 멜로디와 가사로 인해
누구나 쉽게 따라 부를 수 있고 금방 기억할 수 있는
포크에 가까운 easy listening 계열의 팝음악이다.

Tom Jones와 같은 허스키하면서도 부드러운 보이스를 가졌으며
열창하는 창법으로 인해 여성스러운 멜로디를
남성답게 부른다는 특징을 보여준다.

2.2.A 한글 부분

Sweet Caroline

어디서 시작되었는지
난 생각이 시작되지 않아요
그러나 그때 난 강하게 자라나고 있음을 알아요
봄이었지요.
그리고 봄은 여름이 되었어요.
당신이 나타나리라는 것을 누가 믿을 수 있었겠어요.
손들을, 손을 만지면서
손을 뻗으면서 나를 만지는 감촉, 당신을 만지는 감촉

사랑스런 캐롤라인
좋은 시간들이 그렇게 좋을 순 없지요.
난 그것들이 결코 그렇게 될 수 없을 거라고
생각이 되고 있었어요.
그렇지만 지금 밤을 보며
외롭지 않은 것 같아요.
단지 우리 둘만으로 가득 차요.

내가 다쳤을 때 아픔은 내 어깨 위에서 사라져 버려요.
당신을 안고 있을 때 내가 어떻게 아플 수 있겠어요?
따스함, 따스한 감촉
손을 뻗으면서 나를 만지는 감촉, 당신을 만지는 감촉

2.2.A-1 영작 1단계 – 문장 찾기와 여러 개로 구분하기

1	어디서 시작되었는지
1-1	난 생각이 시작되지 않아요
2	난 알아요
2-1	강하게 자라나고 있는 중인에요
3	봄이었지요
3-1	봄은 여름이 되었어요
4	누가 믿을 수 있었겠어요
4-1	당신이 나타나리라는 것을 손들을, 손을 만지면서, 손을 뻗으면서, 나를 만지는 감촉 당신을 만지는 감촉
5	좋은 시간들이 그렇게 좋을 순 없지요
6	난 생각이 되고 있었어요
6-1	그것들이 결코 그렇게 될 수 없었을 거에요
7	그렇지만 지금 난 밤을 보아요
8	외롭지 않은 것 같아요
9	우리는 가득 차요 단지 우리 둘만으로
10	내가 어깨에서 다쳤을 때
10-1	아픔은 내 어깨 위에서 사라져 버려요
11	어떻게 아플 수 있겠어요?
11-1	당신을 안고 있을 때

2.2.A-2 영작 2단계 – 주어, 동사 찾기와 동사의 시제 결정하기

1	시작되었나요	과거
1-1	난 시작되지 않아요	현재
2	난 알아요	현재
2-1	자라나고 있는 중인에요	현재진행
3	봄이었지요	과거
3-1	봄은 여름이 되었어요	과거
4	누가 믿을 수 있었겠어요	과거
4-1	당신이 나타나리라는 것을	과거
5	좋은 시간들이 그렇게 좋을 순 없지요	과거
6	난 생각이 되고 있었어요	현재완료
6-1	그것들이 결코 그렇게 될 수 없었을 거에요	과거
7	난 밤을 보아요	현재
8	않은 것 같아요	현재
9	우리는 가득 차요	현재
10	내가 다쳤을 때	현재
10-1	아픔은 어깨에서 사라져 버려요	현재
11	어떻게 아플 수 있겠어요?	현재
11-1	(내가) 안고 있을 때 (*원래 'when'을 쓸 때는 현재진행형을 쓰지 않는다. 시간이 현재 지금의 상황을 말한다면 'when'을 사용할 이유가 없지 않은가. 그렇지만 강조할 때 혹은 앞으로 가까운 미래에 하려고 할 때는 종종 사용한다.)	현재

2.2.A-3 영작 3단계 - 문장의 형식 결정

1	시작되었나요	P1
1-1	난 생각이 시작되지 않아요	P3
2	난 알아요	P3
2-1	강하게 자라나고 있는 중인에요	P1
3	봄이었지요	P1
3-1	봄은 여름이 되었어요	P2
4	누가 믿을 수 있었겠어요	P3
4-1	당신이 나타나리라는 것을	P1
5	좋은 시간들이 그렇게 좋을 순 없지요	P2
6	난 생각이 되고 있었어요	P3
6-1	그것들이 결코 그렇게 될 수 없었을 거에요	P2
7	난 밤을 보아요	P3
8	외롭지 않은 것 같아요	P2
9	우리는 가득 차요	P3
10	내가 다쳤을 때	P1
10-1	아픔은 내 어깨 위에서 사라져 버려요	P3
11	어떻게 아플 수 있겠어요?	P2
11-1	당신을 안고 있을 때	P3

2.2.A-4 영작 4단계 - 영어의 Pattern 순서로 위치 변경

no	S	V	C or O	O or C	P#
1	-어디에서 (가인칭)	시작되었나요			1
1-1	난	시작할 수 없어요	생각하는 것을		3
2	-그렇지만 -그때 난	알아요	2-1		3
2-1	(가인칭)	자라고 있는 중이에요	강하게		2
3	(가인칭)	였어요	봄에		1
3-1	봄은	되었어요	여름이		2
4	누가	믿을 수 있었겠어요	4-1		3
4-1	당신이	나타나리라는	-손들을 -손을 만지면서	-손을 뻗으면서 -나를 만지면서 -당신을 만지면서	1
	사랑스런 캐롤라인				
5	좋은 시간들이	결코 인 것 같지 않아요	그렇게 좋게		2
6	난	생각이 되고 있었어요	믿는 것을	6-1	3

6-1	그들이	그렇게 될 수 없을 거라고	너무나 외롭게		2
7	-그렇지만 -지금 나는	보아요	밤을		3
8	(가인칭)	인 것 같지 않아요	그렇게 외롭게		2
9	우리는	가득 차요	-단지 우리 둘만으로		3
10	-때 내가	다쳐요			1
10-1	아픔은	사라져 버려요	내 어깨에서		3
11	-어떻게 내가	아플 수 있어요			2
11-1	-때 내가	안고 있을 때	당신을		3

2.2.B 영어 부문

Sweet Caroline

Where it began
I can't begin to knowing
But then I know it's growing strong
Was in the spring
And spring became the summer
Who'd have believed you'd come along
Hands, touching hands
reaching out, touching me, touching you
Sweet Caroline
Good times never seemed so good
I've been inclined
to believe they never would

But now I look at the night
And it don't seem so lonely
We fill it up with only two
And when I hurt
hurting runs off my shoulders
How can I hurt when holding you
Warm, touching warm
reaching out, touching me, touching you

(* 읽기 목표 시간 – 35초)

2.2.B-1 번역 1단계 - 문장 구분하기

1	It began
1-1	I can't begin to knowing
2	I know
2-1	it is growing strong
3	Was in the Spring
3-1	Spring became the summer
4	Who'd have believed
4-1	you'd come along
5	Good times never seemed so good
6	I've been inclined
6-1	they never would (have been inclined)
7	I look at the night
8	It don't seem so lonely
9	We fill it up with only two.
10	I hurt
10-1	hurting runs off my shoulders
11	How can I hurt
11-1	I holding you

2.2.B-2 번역 2단계 - 주어, 동사 찾기와 동사의 시제 파악

1	It began	과거
1-1	I can't begin to	현재
2	I know	현재
2-1	it is growing	현재진행

3	Was in the spring	과거
3-1	Spring became	과거
4	Who'd have believed	가정법과거 완료
4-1	you'd come along	가정법 과거
5	Good times never seemed	과거
6	I've been inclined	현재완료
6-1	they never would (have been inclined)	가정법 과거
7	I look at	현재
8	It don't seem	현재
9	We fill it up with	현재
10	I hurt	현재
10-1	hurting runs off my shoulders	현재
11	How can I hurt	현재
11-1	I (am) holding	현재진행

2.2.B-3 번역 3단계 - 문장의 형식 파악

1	It began	P1
1-1	I can't begin to knowing	P3
2	I know	P3
2-1	it is growing strong	P1
3	Spring became the summer	P2
4	Who'd have believed	P3
4-1	you'd come along	P1
5	Good times never seemed so good	P2
6	I've been inclined	P3

6-1	they never would (have been inclined)	P3
7	I look at the night	P3
8	It don't seem so lonely	P2
9	We fill it up with only two.	P3
10	I hurt	P1
10-1	hurting runs off my shoulders	P3
11	How can I hurt	P1
11-1	I (am) holding you	P3

2.2.B-4 번역 4단계 - 복문장의 경우 문장과 문장간의 관계 파악

1	Where it began	
1-1	I can't begin to knowing	knowing의 목적어 문장이 1번
3	I know	
3-1	it is growing strong	3-1은 3번 문장 know의 목적어 문장 (즉 know 목적절)
4	Who would have believed	
4-1	you would come along	4번 문장 believed의 목적어 문장 (believed의 목적절)
6	I have been inclined to believe	
6-1	they never would (seem so good) 이 생략된 것임	6번 문장 to believe의 목적어 문장
10	When I hurt	
10-1	hurting runs off my shoulders	10번 문장의 조건에 대한 결과의 문장

11	How can I hurt	11-1 조건에 대한 결과의 문장
11-1	when (I am) holding you.	11-1의 조건에 대한 결과의 문장이 11번

2.2.B-5 번역 5단계 - Pattern의 순서로 분리

No	S	V	C or O	O or C	P#
1	-Where it	began			1
1-1	I	can't begin to	knowing		3
2	-But then I	know	2-1		3
2-1	it	is growing	strong		2
3	(it)	Was	in the spring		1
3-1	spring	became	the summer		2
4	Who	would have believed	4-1		3
4-1	y/ou	would come along		-hands -touching hands -reaching out -touching me -touching you	1
	Sweet Caroline				감탄
5	Good times	never seemed	so good		2

- 58 -

6	I	have been inclined	to believe	6-1	3
6-1	they	never would (seem so lonely)가 생략된 것임			2
7	-But -now I	look at	the night		3
8	-And it	don't seem	so lonely		2
9	We	fill	it up	-with only two	3
10	-And -when I	hurt			1
10-1	hurting	runs off	my shoulders		3
11	-How I	can hurt			2
11-1	-when (I)	(am) holding	You	-warm -touching warm -reaching out -touching me -touching you	3

2.2.C. 문장 분석

Who would have believed you would come along?
(주어 + 동사 + 목적절 ; P3 가정법 과거완료 +
 주어 + 동사 ; P1 가정법 과거)
직역 -> 누가 믿었을까요 당신이 나타날 것이라는 것을
의역 -> 당신이 나타날 것이라는 것을 누가 믿고 있었을까요?

2개의 문장으로 구성

(1) 위의 문장은 2개의 문장으로 구성되어 있으며 첫 번째 문장은

Who would have believed + '목적절' 이다.

주어는 who이고 동사는 would have believed이다.
Who believe + '목적절'이라고 생각하면 이해가 쉽다.
그리고 이 현재형의 문장이 아래와 같이 시제가 변한 것이다.

Who will believe + '목적절'
Who will have believed + '목적절'
Who would have believed + '목적절'로 변한 것이다.

이 경우 동사가 현재완료의 형태를 띠고 있지만 'would'가 'will'의 과거이므로 '과거완료'라고 하는 것이다.
'would'는 '~ 했을 것이다'의 뜻이므로 의미 자체가 가정해서 말하는 것이 된다. 그러므로 가정법에서 사용하는 문장이 된다.
동사의 정확한 시제는 '가정법과거완료'가 되는 것이다.

(2) 두 번째 문장

'You would come along.'은
첫 번 문장 believe의 목적어 문장이다.

You come along. '당신은 나타납니다.'
You will come along. '당신은 나타날 것입니다.'
You would come along. '당신은 나타났을 것입니다.'

으로 변화된 것이다. 즉 과거에서 미래를 말하는 가정법으로 정확한 동사의 시제는 '가정법 과거'가 되는 것이다.

2.3 I went to your wedding

Patti Page가 불러 히트 시킨 아름다운 왈츠풍의 노래이다.
오크라호마 태생의 그녀는 고등학교 시절부터 노래를 잘하여 활동하다
'Tennessee Waltz'란 곡으로 데뷔를 하면서 이름을 알리게 된다.
그 다음 두 번째 발표한 곡이 Changing Partners이고
'I want to your wedding', 'Mocking bird hill', 'Doggie in the window',
'Try to remember', 'Moon River' 등 많은 히트곡을 불렀다.
특히 왈츠풍의 노래를 많이 불러 '왈츠의 여왕'이라고 불린다.

부드럽고 섬세한 목소리와 상냥한 톤이 밝은 노래와 아주 어울린다.
그래서 특히 군인들이 그녀의 노래를 많이 좋아했다고 한다.
'I went to your wedding' 이 노래는 사랑하는 사람이 다른 사람과
결혼을 하는 식장에서 그를 다른 사람에게 떠나 보내며
가슴 아프게 바라보는 애절한 마음을 표현한 슬픈 노래이다.
이 곡은 그녀의 다른 노래와는 달리 다른 가수들도 많이 불렀다.
각자 다른 음색과 분위기로 편곡을 하여 애절한 느낌을
다양한 버전으로 들을 수가 있는 곡이다.
후렴 부분은 내지르는 듯한 창법으로 노래를 부르고 나면
가슴이 탁 트이는듯한 시원한 느낌을 준다.
아마추어라도 이 부분은 자기의 감성을 살려서 마음 놓고
열창을 하면 다소 음정이 틀리더라도 멋지게 들릴 수 있는 곡이다.
그러다 다시 주 멜로디로 돌아오면서 애절하고 곱게
가느다란 목소리로 감정을 실어 부른다면
더욱 노래의 느낌을 극대화할 수 있는 멋진 곡이다.
이렇게 감정을 담아서 부르려면 가사를 완벽하게 외우는 것은 물론
많이 불러서 멜로디와 가사에 신경을 쓰지 말 정도가 되어야 한다.
멋지게 연주하는 것도 마찬가지로 충분한 연습이 필요하다..

2.3.A. 한글 부분

I went to your wedding

비록 난 당신을 잃는다는 생각으로
두려워하고 있었지만
당신의 결혼식에 갔어요.
오르간이 연주되고 있었지요.
불쌍한 내 마음은
"너의 꿈들, 너의 꿈들은 가 버리는구나"라고
계속 말하고 있었지요

그녀가 사랑스러운 모습으로
미소를 머금고 통로를 걸어왔어요.
난 안녕이라고 속삭이는 한숨을 뱉었어요
나의 행복에도 이젠 안녕인 거죠.
당신 엄마가 울고 계셨어요.
당신 아버지가 울고 계셨어요.
그리고 나 또한 울고 있었죠.
우리들은 당신을 잃고 있었기 때문에
눈물을 흘리고 있었던 거에요.

2.3.A-1 영작 1단계 – 문장 찾기와 여러 개로 구분하기

1	나는 당신의 결혼식에 갔어요
1-1	비록 난 당신을 잃는다는 생각으로 두려워하고 있었어요
2	오르간이 연주되고 있었지요
3	불쌍한 내 마음은 계속 말하고 있었지요
3-1	너의 꿈들은 가 버리는구나
4	그녀가 통로를 걸어왔어요
5	나는 한숨을 뱉었어요
5-1	나는 안녕이라고 속삭였어요
6	당신 엄마가 울고 계셨어요
7	당신 아버지가 울고 계셨어요
8	나도 울고 있었어요
9	눈물을 흘리고 있었어요
9-1	우리들은 당신을 잃고 있었기 때문이죠

2.3.A-2 영작 2단계 – 주어, 동사 찾기와 동사의 시제 결정하기

1	나는 갔어요	과거
1-1	난 두려워하고 있었어요	과거진행
2	오르간이 연주되고 있었지요	과거진행
3	불쌍한 내 마음은 계속했어요	과거
3-1	너의 꿈들은 가 버리는구나	현재
4	그녀가 내려왔어요	과거
5	나는 한숨을 뱉었어요	과거
5-1	나는 속삭였어요	과거

6	당신 엄마가 울고 계셨어요	과거진행
7	당신 아버지가 울고 계셨어요	과거진행
8	나도 울고 있었어요	과거진행
9	눈물을 흘리고 있었어요	과거진행
9-1	우리들은 잃고 있었기 때문이죠	과거진행

2.3.A-3 영작 3단계 - 문장의 형식 결정

1	나는 당신의 결혼식에 갔어요	P1
1-1	난 당신을 잃는다는 생각으로 두려워하고 있었어요	P3
2	오르간이 연주되고 있었지요	P1
3	불쌍한 내 마음은 계속 말하고 있었지요	P3
3-1	너의 꿈들은 가 버리는구나	P2
4	그녀가 내려왔어요	P1
5	나는 한숨을 뱉었어요	P1
5-1	나는 안녕이라고 속삭였어요	P3
6	당신 엄마가 울고 계셨어요	P1
7	당신 아버지가 울고 계셨어요	P1
8	나도 울고 있었어요	P1
9	눈물을 흘리고 있었어요	P1
9-1	우리들은 당신을 잃고 있었기 때문이죠	P3

2.3.A-4 영작 4단계 - 영어의 Pattern 순서로 위치 변경

no	S	V	C or O	O or C	P#
1	나는	갔어요	-당신의 결혼식에		1
1-1	-비록 나는	두려워하고 있었지요	잃는다는 생각으로	-당신을	3
2	오르간이	연주되고 있었지요			1
3	불쌍한 내 마음은	계속했어요	말하는 것을 (3-1)		3
3-1	너의 꿈들은	에요	가버리는구나		2
4	그녀가	걸어왔어요	통로를	-미소를 머금고 -사랑스런 모습으로	1
5	나는	뱉었어요	한숨을		3
5-1	나는	속삭였어요	안녕	-나의 행복에도	3
6	당신 엄마가	울고 계셨어요			1
7	당신 아버지가	울고 계셨어요			1
8	-그리고 나는	울고 있었어요	역시		1
9	눈물이	떨어지고 있었어요			1

| 9-1 | -때문이에요 우리들은 | 잃고 있었어요 | 당신을 | | 3 |

2.3.B. 영어 부문

I went to your wedding

I went to your wedding
although I was dreading
the thought of losing you
The organ was playing
my poor heart kept saying
"Your dreams, your dreams are through"

She came down the aisle, wearing a smile
a vision of loveliness
I uttered a sigh, whispered goodbye
Goodbye to my happiness

Your mother was crying
Your father was crying
And I was crying too
The teardrops were falling
because we were losing you

(* 읽는 목표 시간 - 25초)

2.3.B-1 번역 1단계 - 문장 구분하기

1	I went to your wedding
1-1	although I was dreading the thought of losing you.
2	The organ was playing
3	My poor heart kept saying
3-1	your dreams are through.
4	She came down
5	I uttered a sigh
5-1	(I) whispered "Good bye, good bye to my happiness"
6	Your mother was crying
7	Your father was crying
8	I was crying too.
9	The teardrops were falling
9-1	because we were losing you.

2.3.B-2 번역 2단계 - 주어, 동사 찾기와 동사의 시제 파악

1	I went	과거
1-1	although I was dreading	과거진행
2	The organ was playing	과거진행
3	My poor heart kept	과거진행
3-1	your dreams are	현재
4	She came down	과거
5	I uttered	과거
5-1	(I) whispered	과거
6	Your mother was crying	과거진행
7	Your father was crying	과거진행

8	I was crying too.	과거진행
9	The teardrops were falling	과거진행
9-1	because we were losing	과거진행

2.3.B-3 번역 3단계 - 문장의 형식 파악

1	I went	P1
1-1	although I was dreading the thought of losing you.	P3
2	The organ was playing	P1
3	My poor heart kept saying	P3
3-1	your dreams are through.	P2
4	She came down	P1
5	I uttered a sigh	P3
5-1	(I) whispered "Good bye, good bye to my happiness"	P3
6	Your mother was crying	P1
7	Your father was crying	P1
8	I was crying too.	P1
9	The teardrops were falling	P1
9-1	because we were losing you.	P3

2.3.B-4 번역 4단계 - 복문장의 경우 문장과 문장간의 관계 파악

1	I went	
1-1	although I was dreading the thought of	1번 문장에 대한 조건
3	My poor heart kept saying	
3-1	you dreams are through	3번 문장 saying의 목적어(목적절)
5	I uttered a sigh	
5-1	whispered Goodbye	5번 문장에 이은 나란한 사실상의 **and**로 연결된 문장으로 같은 주어이다
9	The teardrops were falling	
9-1	because we were losing you	9번 문장에 대한 이유의 설명

2.3.B-5 번역 5단계 - Pattern의 순서로 분리

no	S	V	C or O	O or C	P#
1	I	went to	your wedding		1
1-1	-although I	was dreading	the thought of losing	you	3
2	The organ	was playing			1
3	My poor heart	kept saying			3
3-1	your dreams	are	through		2
4	She	came down	the aisle	-wearing a smile (and) a vision of loveliness	1
5	I	uttered	a sigh		3
5-1	(I)	whispered	Good bye	to my happiness	3
6	Your mother	was crying			1
7	Your father	was crying			1
8	-And I	was crying	too		1

9	**The teardrops**	**were falling**			1
9-1	-because **we**	**were losing**	*you*		3

2.3.C. 문장 분석

My poor heart kept saying "your dreams are through)
(주어 + 동사 + 목적어 ; P3 과거)
 직역 -〉 나의 불쌍한 마음은 계속해서 말하고 있어요
          "당신의 꿈들은 다 가버린다고"
 의역 -〉 나의 가엾은 마음은 "당신의 꿈들이 다 가버린다고"
          계속해서 말하고 있어요"

2개의 문장으로 구성

(1)My poor heart kept saying.

keep 동사 다음에는 위의 문장에서처럼 동명사 형태가 온다.
keep 동사의 의미인 '계속하다'라는 말의 성격상 어떤 동사의 지속적인 형태가 올 수 밖에 없다. 그래서 엄밀히 말하면 현재분사인 동사의 상태 즉 여기서 보면 'saying - 말하고 있는 중인'의 상태가 계속되는 것이다. 그래서 동명사는 어떻게 보면 현재분사의 다른 형태라고도 볼 수 있다. 그래서 동명사와 현재분사를 같은 형태인 동사에 ~ing를 붙인 것을 같이 사용하는지도 모른다.

또 하나 keep 동사의 특징은 우리말의 입장에서 보면 부사처럼 쓰이고 영어로는 동사로 사용되는 것이다. 예를 들어

우리말로는
"나의 불쌍한 마음은 계속 말하고 있어요." 이렇게 하고

영어로는

"나의 불쌍한 마음은 계속하고 있어요 말하는 것을' 이렇게 한다.

즉 우리말로는 '계속'을 부사의 의미로 사용하고 영어로는 '동사'의 의미로 주로 사용한다는 것이다. 영작을 할 때 이 점을 유의해서 하면 보다 영어식 표현에 익숙하게 될 것이다.
그러므로 영어를 번역할 때는 일단 직역을 하고 다시 의역을 하는 것이 영어 본래의 의미를 파악하기에도 좋고 영어 문장을 기억하는데도 훨씬 도움이 될 것이다.

(2) Your dreams are through
이 문장은 (1)번 문장 **saying**의 목적어로 온 것이다.

이러한 형태는 복문장 중 본동사가 아닌 문장 중간에 나타나는 타동사의 목적어로 문장이 온 것이다. 필자가 분류한 7가지 복문장의 패턴 중 6번째에 해당한다.
  (보다 상세한 내용은 필자의 저서 "복문장 영작의 모든 것" 참조)

2.4 Puff the magic dragon

남자 Peter Yarrow, Noel Paul Stookey 2명 그리고 여자 Mary Allin Travers로
1961년 결성된 3인조 그룹으로 주로 Folk song을 부른다.
1962년에 발표한 '500 miles'와 'Lemon Tree'가 200만장 이상 판매되어
그 해에 최고의 뮤지션으로 선정되었으며 그래미상을 받기도 하였다.
그 후 존덴버가 작곡한 'Leaving on a jet plane' 그리고
밥딜런이 작곡한 'Blowing in the wind, Don't think twice, It's all right' 등이
연속으로 히트하면서 전성기를 구가하였다.
이들은 당시 마틴루터킹의 평등운동과 반핵 운동 등의
사회의 아픔을 치유하는 활동에도 많이 참가하였고
꾸준한 봉사활동으로 대중들로부터 많은 사랑을 받았다.
하지만 음악적 차이로 인해 1970년 그룹이 해체되었으며
각자 음악적 활동을 하다 1978년 다시 재결성되어 2000년대까지
활발하게 노래와 연주를 계속하였다.
이들로 인해 1970년대 포크 음악은 전성기를 맡게 되었고
비약적인 발전을 이루는 데 큰 기여를 하게 된다.
Puff the magic 이 노래는 story가 있는 동화와 같은 가사로 인해
새로운 노래의 형태를 보여주었으며 주옥 같은 멜로디와
재미있는 이야기로 인해 전세계인들에게 애창되었다.

Folk 음악은 사람들에 의해 구전으로 전해오고 조금씩 변형되면서
발전한 전통 Folk (traditional folk)와 뮤지션들에 의해 만들어진 Folk로
크게 구분될 수 있다. 보통 어쿠스틱 기타(Acoustic Guitar)로 연주하며
노래하는 스타일로 인해 누구나 쉽게 따라 부를 수 있는 듣는 음악이 아닌
부르는 음악이라고 볼 수 있다.
유럽의 Folk 음악이 미국으로 건너 오면서 서부 개척시대에
보다 발전하게 된다. 여기에 만돌린, 벤조 등이 합류하면서
카우보이들에 의해 발전된 컨트리음악과 매우 유사성이 있다.
대중들로부터 많은 사랑을 받았지만
전기 기타가 중심이 된 로큰롤에 의해 퇴조의 길을 걷게 된다.

2.4.A. 한글 부분

Puff the magic dragon

바닷가에 살았던 마법의 용 Puff는
Hanah Lee라고 불리는 땅의 가을 안개 속에서 장난치고 놀았어.
어린 Jackie Paper는 장난꾸러기 Puff를 좋아했기에
그에게 끈과 봉랍, 그리고 다른 멋진 것들을 가져다 주었지.
그들은 함께 배를 타고 파도가 일렁이는 여행을 했을 거야
Jackie는 거대한 Puff의 꼬리에 앉아서 계속 망을 보았어.
훌륭한 왕들과 왕자들이 거기에 오면 인사를 했을 거야.
Puff가 큰소리로 그의 이름을 부르면
해적선들은 그들의 깃발을 내렸을 거야.
용은 영원히 살지만 어린 아이들은 그렇지 않지.
색칠해진 날개들과 커다란 반지들은
다른 아이들을 위해 길을 만들었어
어느 회색 빛 밤에 일어난 일이야.
Jackie는 더 이상은 오지 않았어.
거대한 용 Puff는 겁 없이 소리지르던걸 그만두었어.
그의 머리는 슬픔 속에 머리가 숙어졌고,
녹색 비늘은 비처럼 떨어졌어.
Puff는 더 이상 체리나무 오솔길을 따라 놀러 가지 않았어
평생을 함께 하는 친구 없이는 Puff는 용감해질 수 없었어
그래서 거대한 용 Puff는 슬프게도
동굴 안으로 미끄러져 들어갔대

2.4.A-1. 영작 1단계 – 문장 찾기와 여러 개로 구분하기

1	마법의 용 Puff는 바닷가에 살았어
1-1	Puff는 장난치고 놀았어
2	어린 Jackie Paper는 장난꾸러기 Puff를 좋아했기에
2-1	그에게 Jackie는 끈과 봉랍 그리고 다른 멋진 것들을 가져다 주었지
3	그들은 여행을 했을 거야
4	Jackie는 계속 망을 보았어
5	훌륭한 왕들과 왕자들이 인사를 했을 거야
5-1	그들이 왔을 때
6	해적선들은 깃발을 내렸을 거야
6-1	Puff가 큰 소리로 그의 이름을 부르면
7	용은 영원히 살아
8	색칠한 날개와 커다란 반지들은 길을 만들었어
9	일어난 일이야
9-1	Jackie가 더 이상 오지 않았어
10	거대한 용 Puff는 겁 없이 소리지르는 것을 그만 두었어
11	그의 머리는 숙여졌어
12	녹색 비늘들은 떨어졌어
13	Puff는 더 이상 가지 않았어
14	Puff는 용감해질 수 없었어
15	Puff는 동굴 안으로 미끄러져 들어갔대

2.4.A-2 영작 2단계 - 주어, 동사 찾기와 동사의 시제 결정하기

1	마법의 용 Puff는 바닷가에 살았어	과거
1-1	Puff는 장난치고 놀았어	과거
2	어린 Jackie Paper는 좋아했기에	과거
2-1	그에게 Jackie는 가져다 주었지	과거
3	그들은 여행을 했을 거야	과거
4	Jackie는 계속했어	과거
5	훌륭한 왕들과 왕자들이 인사를 했을 거야	과거
5-1	그들이 왔을 때	과거
6	해적선들은 내렸을 거야	과거
6-1	Puff가 큰 소리로 부르면	과거
7	용은 영원히 살아	현재
8	색칠한 날개와 커다란 반지들은 만들었어	과거
9	일어난 일이야	과거
9-1	Jackie가 더 이상 오지 않았어	과거
10	거대한 용 Puff는 그만 두었어	과거
11	그의 머리는 숙여졌어	과거
12	녹색 비늘들은 떨어졌어	과거
13	Puff는 더 이상 가지 않았어	과거
14	Puff는 질 수 없었어	과거
15	Puff는 미끄러져 들어갔대	과거

2.4.A-3 영작 3단계 – 문장의 형식 결정

1	마법의 용 Puff는 바닷가에 살았어	P1
1-1	Puff는 장난치고 놀았어	P1
2	어린 Jackie Paper는 장난꾸러기 Puff를 좋아했기에	P3
2-1	그에게 Jackie는 끈과 봉랍 그리고 다른 멋진 것들을 가져다 주었지	P4
3	그들은 여행을 했을 거야	P1
4	Jackie는 계속 망을 보았어	P3
5	훌륭한 왕들과 왕자들이 인사를 했을 거야	P1
5-1	그들이 왔을 때	P1
6	해적선들은 깃발을 내렸을 거야	P3
6-1	Puff가 큰 소리로 그의 이름을 부르면	P3
7	용은 영원히 살아	P1
8	색칠한 날개와 커다란 반지들은 길을 만들었어	P3
9	일어난 일이야	P3
9-1	Jackie가 더 이상 오지 않았어	P1
10	거대한 용 Puff는 겁 없이 소리지르는 것을 그만 두었어	P3
11	그의 머리는 숙여졌어	P1
12	녹색 비늘들은 떨어졌어	P1
13	Puff는 더 이상 가지 않았어	P1
14	Puff는 용감해질 수 없었어	P2
15	Puff는 동굴 안으로 미끄러져 들어갔대	P1

2.4.A-4 영작 4단계 - 영어의 Pattern 순서로 위치 변경

no	S	V	C or O	O or C	P#
1	마법의 용 Puff는	살았어	-바닷가에		1
1-1		장난치고 놀았어	-가을 안개 속에서	-Hanah Lee라고 불리는 땅에서	1
2	어린 Jackie Paper는	좋아했어	장난꾸러기 Puff를		3
2-1	(Jackie는)	가져다 주었지	그에게	끈과 봉랍 그리고 다른 멋진 것들을	4
3	-함께 그들은	여행을 했을 거야	-배를 타고 -파도가 일렁이는		1
4	Jackie는	계속했어요	망보는 것을	-앉은 채 -거대한 Puff의 꼬리에	3
5	훌륭한 왕들과 왕자들이	인사를 했을 거야			1
5-1	-~면 -거기서 그들이	오면			1
6	해적선들이	내렸을 거에요	그들의 깃발을		3
6-1	-~면 Puff가	크게 소리치면	그의 이름을		3

7	용은	살아요	-영원히 -그러나 -작은 아이들은 그렇지 않아		1
8	색칠한 날개들과 커다란 반지들은	만들었어	길을	-다른 아이들을 위해	3
9	Jackie는	오지 않았어요	더 이상		1
10	-거대한 용 Puff는	그만 두었어	그의 겁 없는 소리지름을		3
11	그의 머리는	숙어졌어	-슬픔 속에서		1
12	녹색 비늘은	떨어졌어	-비처럼		1
13	Puff는	-더 이상 가지 않았어	-놀러	-체리나무 오솔길을	1
14	-없이 -그의 오랜 친구 Puff는	질 수 없었어	용감해		2
15	-그래서 Puff는	-슬프게도 미끄러져 들어갔어	동굴 안으로		1

2.4.B. 영어 부문

Puff the magic dragon

Puff the magic dragon lived by the sea
and frolicked in the autumn mist in a land called Honah lee.
Little Jackie Paper loved that rascal Puff and
brought him strings and sealing wax and other fancy stuff
Oh, Puff the magic dragon lived by the sea
and frolicked in the autumn mist in a land called Honah lee.(repeat)

Together they would travel on a boat with billowed sails.
Jackie kept a lookout perched on Puff's gigantic tail
Noble kings and princess would bow when there they came.
Pirate ships would lower their flags
when Puff roared out his name.
Oh, Puff the magic dragon lived by the sea
and frolicked in the Autumn mist in a land called Honah lee.
A dragon lives forever but not so little boys
Painted wings and giant rings made way for other toys.
One gray night it happened
Jackie Paper came no more
And Puff that mighty dragon, he ceased his fearless roar.
His head was bent in sorrow.
Green scales fell like rain
Puff no longer went to play along the cherry lane.
Without his lifelong friend, Puff could not be brave.
So Puff that mighty dragon, sadly slipped into his cave.

(* 읽기 목표 시간 – 80초)

2.4.B-1 번역 1단계 - 문장 구분하기

1	Puff the magic dragon lived
1-1	(Puff) frolicked
2	Little Jackie Paper loved that rascal Puff
2-1	brought him strings and sealing wax and other fancy stuff.
3	They would travel
4	Jackie kept a lookout
5	Noble kings and princess would bow
5-1	when there they came
6	Pirate ships would lower their flags
6-1	when Puff roared out his name
7	A dragon lives
8	Painted wings and giant rings made way
9	It happened
9-1	Jackie Paper came
10	He ceased his fearless roar
11	His head was bent
12	Green scales fell
13	Puff no longer went
14	Puff could not be brave
15	Puff that might dragon sadly slipped

2.4.B-2 번역 2단계 - 주어, 동사 찾기와 동사의 시제 파악

1	Puff the magic dragon lived	과거
1-1	(Puff) frolicked	과거
2	Little Jackie Paper loved	과거
2-1	little Jackie Paper brought	과거
3	They would travel	가정법과거
4	Jackie kept a lookout	과거
5	Noble kings and princess would bow	가정법과거
5-1	when there they came	과거
6	Pirate ships would lower	가정법과거
6-1	when Puff roared out	과거
7	A dragon lives	현재
8	Painted wings and giant rings made	과거
9	It happened	과거
9-1	Jackie Paper came	과거
10	He ceased	과거
11	His head was bent	과거
12	Green scales fell	과거
13	Puff no longer went	과거
14	Puff could not be brave	가정법과거
15	Puff that might dragon sadly slipped	가정법과거

2.4.B-3 번역 3단계 - 문장의 형식 파악

1	Puff the magic dragon lived	P1
1-1	frolicked	P1
2	Little Jackie Paper loved that rascal Puff	P3
2-1	brought him strings and sealing wax and other fancy stuff.	P4
3	They would travel	P1
4	Jackie kept a lookout	P3
5	Noble kings and princess would bow	P1
5-1	when there they came	P1
6	Pirate ships would lower their flags	P3
6-1	when Puff roared out his name	P3
7	A dragon lives	P1
8	Painted wings and giant rings made way	P3
9	It happened	P3
9-1	Jackie Paper came	P1
10	He ceased his fearless roar	P3
11	His head was bent	P1
12	Green scales fell	P1
13	Puff no longer went	P1
14	Puff could not be brave	P2
15	Puff that might dragon sadly slipped	P1

2.4.B-4 번역 4단계 - 복문장의 경우 문장과 문장간의 관계 파악

1	Puff the magic dragon lived	
1-1	(Puff) frolicked	1번 문장과 연이은 and로 연결된 다른 문장
2	Little Jackie Paper loved that rascal Puff	
2-1	(Jackie Paper) brought him strings and sealing wax and other fancy stuff.	2번 문장에 연이은 and로 연결된 다른 문장
5	Noble kings and princess would bow	
5-1	when there they came	5번 문장에 대한 시간적 조건 문장
6	Pirate ships would lower their flags	
6-1	when Puff roared out his name	6번 문장에 대한 조건의 설명
9	It happened	
9-1	Jackie Paper came	9번 문장 happened의 목적어 문장

2.4.B-5 번역 5단계 - Pattern의 순서로 분리

no	S	V	C or O	O or C	P#
1	**Puff** -the magic dragon	**lived by**	the sea		1
1-1		**frolicked in**	-in the autumn mist	-in a land called Hanah Lee	1
2	**Little Jackie Paper**	**loved**	that rascal Puff		3
2-1	-and (Jackie Paper)	**brought**	him	strings and sealing wax and other fancy stuff.	4
3	-Together **they**	**would travel**	-on a boat -with billowed sails		1
4	**Jackie**	**kept**	a lookout	-perched -on Puff's gigantic tall	3
5	**Noble kings and Princess**	**would bow**			1
5-1	-when -there **they**	**came**			1

6	**Pirate ships**	would lower	their flags		3
6-1	-when **Puff**	roared out	his name		3
7	**A dragon**	lives	-forever -but -not so little boys		1
8	**Painted wings and giant rings**	made	way	-for other boys	3
9	-One gray night **it**	happened	9-1		3
9-1	**Jackie paper**	came	-no more		1
10	-And Puff -that mighty dragon **he**	ceased	his fearless roar		3
11	**His head**	was bent	-in sorrow		1
12	**Green scales**	fell	-like rain		1

13	**Puff**	-no longer **went**	-to play along -the cherry lane		1
14	-Without his lifelong friend **Puff**	**could not be**	**brave**		2
15	-So **Puff** -that mighty dragon	-sadly **slipped into**	-his cave		1

2.4.C. 장 분석

Without his lifelong friend, Puff could not be brave.

1개의 문장으로 구성

(1)Puff could not be brave.
의역 -> Puff는 용감할 수 없습니다. (P2 ; 과거)

Puff can't be brave.에서 can의 과거인 could를 사용한 것이므로 내용은 과거의 문장이 된다.

(2)Without his lifelong friend
는 '~없이'의 뜻으로 사용되었지만 실제적으로는 '~이 없다면'의 뜻으로 해석한다. 일종의 가정법으로 'if'를 사용하지 않는 가정법 중의 하나이다. 예를 들어

Without you, I can't live alone.

without you는 '네가 없다면'의 가정을 하는 의미가 되는 것이다. 보통의 문장에서는 **without you**가 문장의 끝으로 가지만 가정법으로 사용되었다면 문장의 맨 앞에 위치하게 된다.

2.5 Cotton field

1970년대 'Go Go' 열풍이 불던 시절 소위 'GoGo장'에서 남녀가 짝짓는 미팅을
하면서 춤을 출 때 가장 많이 연주되고 들려주던 곡이 바로 이 음악이다.
당시 그룹 CCR이 연주하고 부르던 모든 곡들은 거의 대부분
'고고춤'을 위한 곡들이라고 하여도 과언이 아니다.
CCR은 Creedence Cleanwater Revival의 약자로 직역하면
'믿음직한 순수한 물의 회귀'정도라고 할까?
아무튼 이들이 최초 음악그룹을 결성한 것은 불과 중학생 때이다.
그룹 결성을 주도한 'John Forgerty'가 작곡, 작사를 맡고 리드싱어를 맡으면서
사실상의 그룹을 주도하였다. 흑인 음악인 Blues의 영향을 많이 받았고
최초의 히트곡인 'Suzie Q'를 통해 유명해졌다. 그 밖에 "Proud Mary'가 있으며
이 곡과 더불어 대표적인 손꼽는 그들의 곡이 'Who will stop the rain'이다.

그 시절 '고고'의 열풍이 전 세계를 휩쓸고 있었으며 우리나라도 예외가 아니었다.
특히 중고생들에게 CCR의 곡은 춤의 상징이며 놀이문화의 중심이었다.
고고장을 갈 수 없었던 학생들은 휴대용 전축인 '야전'을 구해
서너 명만 모이면 CCR의 음악을 틀고 춤에 빠져들었던 시절이었다.

이 곡은 전형적인 'Go Go 리듬'의 곡으로 그야말로 GoGo 춤을 추기에
아주 적당한 신나는 곡이다.
가사가 다소 철학적인 의미를 담고 있다.
'누가 이 비를 멈추게 할 거지?'의 제목에서 알 수 있듯이
자연의 흐름을 막을 수 없다는 의미가 내포되어 있는 듯하다.
GoGo 리듬의 곡을 기타로 표현하기 위해서는 피크로 6개의 줄을
강하고 고르게 내려친 다음 그 손바닥으로 6개 줄을 살짝 대서
음의 울림을 정지 시키는 'mute' 주법이 필요하다.
8분음표 3번째 마다 이렇게 하면 확실한 GoGo 리듬의 느낌을 살릴 수 있다.

2.5.A. 한글 부분

Cotton Field

내가 아주 너무 너무 작은 어린아이였을 때에요
우리 엄마가 요람에 있는
나를 흔들었을 거에요
집 뒤에 오래된 목화밭 안에서 말이지요.

Louisiana 아래였지요.
Texarkana에서 대략
1마일쯤 떨어진 바로 거기.
집 뒤에 오래된
목화밭에서 말이지요.
오 그것들 목화씨는 썩었네요.
여러분은 너무 많은
목화는 딸 수 없어요.
집 뒤에 오래된 목화밭
그것들이 있는 곳에서요.

2.5.A-1 영작 1단계 - 문장 찾기와 여러 개로 구분하기

1	내가 아주 너무 너무 작은 어린아이였을 때였어요
1-2	우리 엄마는 나를 흔들었을 거에요
2	Louisiana 아래였지요
3	그것들 목화씨들이 썩었을 때
3-1	여러분들은 충분히 목화를 딸 수 없어요

2.5.A-2 영작 2단계 - 주어, 동사 찾기와 동사의 시제 결정하기

1	내가 때였어요	과거
1-2	우리 엄마는 흔들었을 거에요	가정법과거
2	Louisiana 아래였지요	과거
3	그것들 목화씨들이 썩었을 때	현재
3-1	여러분들은 충분히 딸 수 없어요	현재

2.5.A-3 영작 3단계 - 문장의 형식 결정

1	내가 아주 너무 너무 어린아이였을 때였어요	P2
1-2	우리 엄마는 나를 흔들었을 거에요	P3
2	Louisiana 아래였지요	P1
3	그것들 목화씨들이 썩었을 때	P2
3-1	여러분들은 충분히 목화를 딸 수 없어요	P3

2.5.A-4 영작 4단계 - 영어의 Pattern 순서로 위치 변경

no	S	V	C or O	O or C	P#
1	-때에요 내가	였을	너무 너무 작은 어린아이		2
1-1	우리 엄마가	흔들었을 거에요	나를	-요람에 있는 -오래된 목화밭 안에서 -집 뒤에	3
2	(가인칭)	였어요	-아래 -Louisiana	-대략 1마일 떨어진 -**Texarkana**로부터 -오래된 목화밭 안에서 -집 뒤에	1
3	-때에요 그것들 목화씨는	지게 되는	썩은 상태로		2
3-1	여러분들은	딸 수 없어요	충분한 목화를	-오래된 목화밭 안에서 -집 뒤에	3

2.5.B. 영어 부문

Cotton field

When I was a little bitty baby
my mama would rock me
in the cradle,
in them old cotton fields
back home;

It was down in Louisiana,
just about a mile
from Texarkana,
in them old cotton fields
back home.

Oh, when them cotton bolls get rotten
You can't pick very much cotton,
In them old cotton fields
back home.

(* 읽기 목표 시간 – 20초)

2.5.B-1 번역 1단계 - 문장 구분하기

1	When I was a little bitty baby
1-1	my mama would rock me
2	It was down
3	When them cotton bolls get rotten
3-1	you can't pick very much cotton

2.5.B-2 번역 2단계 - 주어, 동사 찾기와 동사의 시제 파악

1	When I was	과거
1-1	my mama would rock	가정법과거
2	It was	과거
3	When them cotton bolls get	현재
3-1	You can't pick	현재

2.5.B-3 번역 3단계 - 문장의 형식 파악

1	When I was a little bitty baby	P2
1-1	my mama would rock me	P3
2	It was down	P1
3	When them cotton bolls get rotten	P2
3-1	you can't pick very much cotton	P3

2.5.B-4 번역 4단계 - 복문장의 경우 문장과 문장간의 관계 파악

1	When I was a little bitty baby	
1-1	My mama would rock me	1번 조건 문장에 대한 결과의 문장
3	When them cotton bolls get rotten	
3-1	You can't pick very much cotton	3번 조건 문장에 대한 결과의 문장

2.5.B-5 번역 5단계 - Pattern의 순서로 분리

no	S	V	C or O	O or C	P#
1	-When I	was	a little bitty baby		2
1-1	my mama	would rock	me	-in the cradle -in them old cotton fields -back home	3
2	It	was	-down in Louisiana	-just about a mile -from Texarkana -in them old cotton fields -back home	1
3	-When them cotton bolls	get	rotten		2
3-1	You	can't pick	very much cotton	-in them old cotton fields -back home	3

2.5.C. 문장 분석 부문

When I was a little bitty baby my mama would rock me in the cradle in them old cotton fields back home.

2개의 문장으로 구성
(1)　When I was a little bitty baby
　　　　의역 -> 내가 너무 너무 작았을 때였어요
　　　　(주어 + 동사 + 보어 ; P2 과거형)

보통은 이러한 시간적인 조건에 대한 설명은 복문장에서 뒤쪽에 위치하지만 여기서는 강조를 하려고 앞에 둔 것이다.

(2)　My mama would rock me...
　　　　의역 -> 우리 엄마는 나를 흔들었을 거에요
　　　　(주어 + 동사 + 보어 ; P2 가정법과거형)

My mama rocks me. 나의 엄마가 나를 흔들어요.
My mama will rock me. 나의 엄마가 나를 흔들 거에요.
My mama would rock me. 나의 엄마가 나를 흔들었을 거에요.

과거에서 미래를 말하는 내용으로 과거의 사실을 짐작하는 것이므로 가정법에서 주로 사용되는 표현이다. 그래서 이러한 동사의 시제를 '가정법 과거형'이라고 한다.

영어 가정법을 공부할 때 어렵게 느껴지는 첫 번째 이유는

will – would (will의 과거형 – 과거 시점에서 미래를 표현하는 것이다)
shall – should (shall의 과거형 – 과거 시점에서 미래를 표현하는 것이다)
can –could (can의 과거형)
may – might (may의 과거형)

위의 4가지 조동사의 동사를 미래로 만드는 의미와 과거의 의미를 정확히 모르기 때문이다. 위 문장을 예로 각각의 사용 문장을 보면 쉽게 이해가 갈 것이다. 이 문장을 잘 유의해서 기억하기 바란다.

My mom will rock me. – 우리 엄마는 나를 흔들 거에요.
My mom would rock me – 우리 엄마는 나를 흔들었을 거에요

My mom shall rock me – 우리 엄마는 나를 흔들어야만 할 거에요
My mom should rock me – 우리 엄마는 나를 흔들어야만 했어요

My mom can rock me – 우리 엄마는 나를 흔들 수 있어요
My mom could rock me – 우리 엄마는 나를 흔들 수 있었어요

My mom may rock me – 우리 엄마는 나를 흔들지도 몰라요
My mom might rock me –우리 엄마는 나를 흔들었을지도 몰라요

2.6 The end of the world

컨트리 가수인 Skeeter Davis가 1963년 발표한 곡으로
그 해 빌보드 차트 1위를 차지하였다.
주로 1950년대 활동을 하였고 당시 여성 가수로는 드물게
뉴욕 카네기홀에서 공연을 하였다.

이 곡은 우리나라에서도 1960년대 후반부터 1970년까지
크게 히트하여 늘 방송 신청곡 상위에 랭크되었다.
컨트리 음악 부문에 속하긴 하지만 리듬은
우리나라 사람들이 가장 좋아하는 Slow Rock 리듬이다.

Slow Rock은 3잇단 음표가 1마디에 4개 들어가는
4박자의 곡으로 마치 왈츠 리듬인 '쿵짝짝'이 계속 반복되는
느낌을 주는 곡이다. 그래서 부드러운 느낌을 준다.
서양의 대중음악인 Pop Music은 주로 뒤에 악센트가 있는데
국악은 앞에 악센트가 있다.
그래서 국악은 머리와 어깨춤이 발달하는 경향이 있고
양악은 발의 스텝이 발달하는 경향이 있다.

하지만 Slow Rock 리듬은 서양악임에도 불구하고
악센트가 앞에 있어서 우리나라 사람들의 정서적 리듬감과
매우 비슷한 강약을 지니기 때문에 우리가 좋아하는 것 같다.
우리가 소위 발라드라고 하는 곡들의 반 이상이
Slow Rock 리듬이다. 노사연의 '만남'이나
이문세 노래의 대부분이 대표적인 Slow Rock 리듬이다.

2.6.A. 한글 부분

The end of the world

왜 태양은 계속 빛날까요?
왜 바다는 해변으로 밀려올까요?
당신이 더 이상은 날 사랑하지 않으니
세상이 끝이라는 것을
그들은 모르는 거지요?
왜 그 새들은 계속 지저귈까요?
왜 저 별들은 위에서 빛나고 있을까요?
그들은 모르고 있어요
세상이 끝이라는 것을
내가 당신의 사랑을 잃었을 때는
세상이 끝났다는 것을

내가 아침에 일어나면
모든 것이 예전 있는 그대로 왜 같은지 걱정이에요.
난 이해할 수가 없어요.
난 정말 이해할 수가 없어요,
어떻게 인생이 가던 방식 그대로 가고 있는 건가요.

왜 내 마음은 계속 두근거릴까요?
왜 내 두 눈은 우는 거죠?
당신이 안녕이라고 말했을 때는
세상이 끝났다는 것을
그들은 모르는 거지요?

2.6.A-1 영작 1단계 - 문장 찾기와 여러 개로 구분하기

1	왜 태양은 계속 빛날까요?
2	왜 바다는 해변으로 밀려올까요?
3	그들은 모르는 거지요?
3-1	세상이 끝이라는 것을
3-2	당신이 더 이상 날 사랑하지 않으니
4	왜 그 새들은 계속 지저귈까요?
5	왜 별들은 빛나고 있을까요?
6	그들은 모르는 거지요?
6-1	세상의 끝이라는 것을
7	끝났어요
7-1	내가 당신의 사랑을 잃었을 때는
8	나는 아침에 일어나면
8-1	나는 걱정이에요
8-2	왜 모든 것이 같은지
8-3	예전에 있는 그대로
9	나는 이해할 수가 없어요
9-1	어떻게 인생이 그 방식으로 가고 있는지
9-2	그게 가는 그대로
10	왜 내 마음은 계속 두근거릴까요?
11	왜 내 두 눈은 우는 거죠?
12	세상이 끝났어요
12-1	당신이 안녕이라고 말했을 때

2.6.A-2 영작 2단계 - 주어, 동사 찾기와 동사의 시제 결정하기

1	왜 태양은 계속할까요?	현재
2	왜 바다는 밀려올까요?	현재
3	그들은 모르는 거지요?	현재
3-1	세상이 ~이에요	현재
3-2	당신이 사랑하지 않으니	현재
4	왜 그 새들은 계속할까요?	현재
5	왜 별들은 빛나고 있을까요?	현재
6	그들은 모르는 거지요?	현재
6-1	세상이 끝이라는 것을	현재
7	끝났어요	과거
7-1	내가 잃었을 때는	과거
8	나는 일어나면	현재
8-1	나는 걱정이에요	현재
8-2	왜 모든 것이 ~인지	현재
8-3	예전에 있는 그대로	과거
9	나는 이해할 수가 없어요	현재
9-1	어떻게 인생이 가고 있는지	현재
9-2	그게 가는 그대로	현재
10	왜 내 마음은 계속할까요?	현재
11	왜 내 두 눈은 우는 거죠?	현재
12	세상이 끝났어요	과거
12-1	당신이 말했을 때	과거

2.6.A-3 영작 3단계 - 문장의 형식 결정

1	왜 태양은 계속 빛날까요?	P1
2	왜 바다는 해변으로 밀려올까요?	P1
3	그들은 모르는 거지요?	P3
3-1	세상이 끝이라는 것을	P2
3-2	당신이 더 이상 날 사랑하지 않으니	P3
4	왜 그 새들은 계속 지저귈까요?	P1
5	왜 별들은 빛나고 있을까요?	P1
6	그들은 모르는 거지요?	P3
6-1	세상의 끝이라는 것을	P2
7	끝났어요	P1
7-1	내가 당신의 사랑을 잃었을 때는	P3
8	나는 아침에 일어나면	P1
8-1	나는 걱정이에요	P3
8-2	왜 모든 것이 같은지	P2
8-3	예전에 있는 그대로	P1
9	나는 이해할 수가 없어요	P3
9-1	어떻게 인생이 그 방식으로 가고 있는지	P1
9-2	그게 가는 그대로	P1
10	왜 내 마음은 계속 두근거릴까요?	P1
11	왜 내 두 눈은 우는 거죠?	P1
12	세상이 끝났어요	P1
12-1	당신이 안녕이라고 말했을 때	P3

2.6.A-4 영작 4단계 - 영어의 Pattern 순서로 위치 변경

no	S	V	C or O	O or C	P#
1	-왜 태양은	계속하지요	-빛나는 것을		1
2	-왜 바다는	밀려올까요	-해변으로		1
3	그들은	몰라요	3-1		3
3-1	가인칭	이에요	세상의 끝		2
3-2	-까요 당신이	사랑하지 않으니	나를	-더 이상	3
4	-왜 새들은	계속하지요	-우는 것을		1
5	-왜 별들은	-위에서 빛날까요(자랄까요)			1
6	그들은	몰라요	6-1		3
6-1	가인칭	이에요	세상의 끝		2
7	가인칭	끝났어요			1
7-1	-때 내가	잃었을	당신의 사랑을		3
8	나는	깨어나요	-아침에		1

8-1	-그리고 나는	걱정을 해요	8-2		3
8-2	-왜 모든 것이	인지	같은 지		2
8-3	가인칭	예전 있는 대로			1
9	나는	이해할 수가 없어요	9-1		3
9-1	-어떻게 인생이	가는지	-그 길로		1
9-2	그것이	하는 대로			1
10	-왜 내 마음은	계속하지요	-뛰는 것을		1
11	-왜 나의 이 두 눈들은	우나요			1
12	가인칭	끝났어요			1
12-1	-때 당신이	말했을 때	안녕이라고		3

2.6.B. 영어 부문

The end of the world

Why does the sun go on shining?
Why does the sea rush to shore?
Don't they know
it's the end of the world
cause you don't love me anymore.
Why do the birds go on singing?
Why do the stars glow above?
Don't they know
it's the end of the world
It ended when I lost your love.

I wake up in the morning and I wonder
why everything is the same as it was
I can't understand
No, I can't understand
how life goes on the way it does.
Why does my heart go on beating?
Why do these eyes of mine cry?
Don't they know
it's the end of the world
It ended when you said good-bye.

(* 읽기 목표 시간 - 35초)

2.6.B-1 번역 1단계 - 문장 구분하기

1	Why does the sun go on
2	Why does the sea rush to
3	Don't they know
3-1	it is the end of the world
3-2	cause you don't love me
4	Why do the birds go on
5	Why do the stars glow
6	Don't they know
6-1	it is the end of the world.
7	It ended
7-1	when I lost your love
8	I wake up
8-1	I wonder
8-2	why everything is the same
8-3	as it was
9	I can't understand
9-1	how life goes
9-2	it does
10	Why does my heart go on
11	Why do these eyes of mine cry
12	It ended
12-1	when you said "Good bye"

2.6.B-2 번역 2단계 - 주어, 동사 찾기와 동사의 시제 파악

1	Why does the sun go on	현재
2	Why does the sea rush to	현재
3	Don't they know	현재
3-1	it is	현재
3-2	cause you don't love	현재
4	Why do the birds go on	현재
5	Why do the stars glow	현재
6	Don't they know	현재
6-1	it is	현재
7	It ended	과거
7-1	when I lost	과거
8	I wake up	현재
8-1	I wonder	현재
8-2	why everything is	현재
8-3	as it was	과거
9	I can't understand	현재
9-1	how life goes	현재
9-2	it does	현재
10	Why does my heart go on	현재
11	Why do these eyes of mine cry	현재
12	It ended	과거
12-1	when you said	과거

2.6.B-3 번역 3단계 - 문장의 형식 파악

1	Why does the sun go on	P1
2	Why does the sea rush to	P1
3	Don't they know	P3
3-1	it is the end of the world	P2
3-2	cause you don't love me	P3
4	Why do the birds go on	P1
5	Why do the stars glow	P1
6	Don't they know	P3
6-1	it is the end of the world.	P2
7	It ended	P1
7-1	when I lost your love	P3
8	I wake up	P1
8-1	I wonder	P3
8-2	why everything is the same	P2
8-3	as it was	P1
9	I can't understand	P3
9-1	how life goes	P1
9-2	it does	P1
10	Why does my heart go on	P1
11	Why do these eyes of mine cry	P1
12	It ended	P1
12-1	when you said "Good bye"	P3

2.6.B-4 번역 4단계 - 복문장의 경우 문장과 문장간의 관계 파악

3	Don't they know	
3-1	it is the end of the world	3번 문장 know의 목적어 문장
3-2	cause you don't love me	3과 3-1문장의 결과를 초래한 이유에 대하여 설명하는 문장
6	Don't they know	
6-1	it is the end of the world	6번 문장의 목적어 문장
7	It ended	
7-1	when I lost your love	7번 문장에 대한 시간적 조건의 문장
8	I wake up in the morning	
8-1	and I wonder	8번에 이은 계속된 상황의 연결 문장
8-2	why everything is the same	8-1문장 wonder의 목적어 문장
8-3	as it was	8-2에 있는 the same이 어떤 내용인지를 설명하는 문장 즉 '과거에 있었던 것과 같다'는 의미
9	I can't understand	
9-1	how life goes on the way	9번 문장 understand의 목적어 문장
9-2	it does	8-1문장 the way를 설명하는 문장으로 does는 'goes'를 의미한다. 이처럼 같은 동사가 반복될 때에는 'do'로 대신한다.
12	It ended	
12-1	when you said Good bye	12번 문장이 발생한 시간적 조건에 대한 설명

2.6.B-5 번역 5단계 - Pattern 순서로 분리

no	S	V	C or O	O or C	P#
1	-Why does **the sun**	go on	-shining		1
2	-Why does **the sea**	rush to	shore		1
3	They	don't know	3-1		3
3-1	it	is	the end of the world		2
3-2	-cause **you**	don't love	me	-anymore	3
4	-Why do **the birds**	go on	-singing		1
5	-Why do **the stars**	glow above			1
6	They	don't know	6-1		3
6-1	it	is	the end of the world		2
7	It	ended			1
7-1	-when **I**	lost	your love		3
8	I	wake up	-in the morning		1
8-1	-and **I**	wonder	8-2		3

8-2	-why everything	is	the same		2
8-3	-as it	was			1
9	I	can't understand	9-1		3
9-1	-how life	goes on	-the way		1
9-2	it	does			1
10	-Why does my heart	go on	-beating		1
11	-Why do these eyes of mine	cry			1
12	It	ended			1
12-1	-when you	said	Good bye		3

2.6.C. 문장 분석

I can't understand how life goes on the way it does.

 3개의 문장으로 구성

(1) I can't understand (2)
    의역 -> 나는 (2)번 문장을 이해할 수 없습니다.
    (주어 + 동사 + 목적어(2번 문장 ; 목적절) ; P3 현재형)

  3형식 문장에서 'understand' 동사의 목적어 대신 문장이 온 것이다.
  이러한 문장을 '목적절'이라고 한다.
  복문장에서 가장 많이 나타나는 형태이다.

(2) how life goes on the way
    의역 -> 어떻게 인생이 그 길대로 가는 건가요?
    (의문대명사 + 주어 + 동사 ; P1 현재형)

    How 의문문이 (1)번 문장의 목적어 문장으로 온 것이다.
    이렇게 의문문을 단어 대신 사용한 경우는 관계대명사라고 하지 않는다.

(3) it does
    의역 -> 그것은 그렇게 갑니다.
    (주어 + 동사 ; P1 현재형)

    이 문장은 (2)번 문장의 **the way**를 설명하는 말이다. 원래는 관계대명사 **that**을 사용하여야 하지만 여기서는 생략된 것이다. 이렇게 명확하게

주어와 관계대명사가 일치할 때 혹은 관계대명사가 목적어에 해당할 때
종종 'that'은 생략되어 사용된다. 여기서 'does'는 위 문장의 'goes'를 의미한
다. 이렇게 같은 의미의 동사 가 반복될 때에는 대신 'do'를 사용한다.
'it'는 'the way'를 의미한다. 그러므로 사실상 'the way goes'라고 볼 수도
있다. 직역을 하면 '길이 가는 그 길로 가는 것이다'라고 할 수 있으며
의역을 하면 '길 가는 대로 간다'라고 볼 수 있다.

2.7 Rhythm of the rain

1938년 미국 오하이오주 Cleveland에서 태어난 John Claude Gummoe)가
작사, 작곡한 곡으로 그가 결성한 그룹 Cascades가 1963년 불러 히트한 곡이다.
노래가 천둥소리, 비 소리와 함께 시작하는 아이디어가
당시로는 매우 파격적으로 많은 사람들의 주목을 끌었다.
영국 이주민 출신의 부모로부터 태어난 John Gummoe는 부모가 음악을 좋아하는
영향을 받아 어렸을 때부터 음악을 늘 듣고 자랐다.
특히 살던 지방에 공연을 온 오페라 카르멘을 보고 깊은 감명을 받는다.
대학에 들어가 약학을 전공하지만 어려운 가정 형편으로
공부보다는 음악으로 돈을 벌기 시작하게 되고
점점 음악을 하면서 음악의 매력에 빠지게 되고 결국
친구들과 그룹 Cascades를 결성하며 본격적인 음악활동을 한다.

이 노래는 전 세계에 번안곡으로 불려지지 않은 나라가 없을 만큼
히트한 곡으로 아름다운 멜로디와 재미있는 진행,
그리고 분위기 있는 연주로 인해 비가 오는 날
특히 방송국에 많이 신청이 들어오는 곡이다.

리듬은 당시에는 드물게 룸바의 리듬으로 연주되었다.
룸바는 라틴음악의 효시라고 할 수 있는 음악이다.
스페인의 음악인 플라멩고가 쿠바를 거치면서 쿠바원주민들에 의해
룸바 리듬으로 탄생된다.
룸바는 그 후 라틴계열의 음악으로 발전하는 결정적 계기가 된다.
미국의 컨트리와 록음악 사이에서 룸바의 라틴음악이
조화를 이루며 만들어진 곡이 바로 이 곡이다.

2.7.A. 한글 부분

Rhythm of the rain

떨어지는 비 소리의 리듬을 들어 보세요
내가 얼마나 바보로 지내고 있는지 말해주네요.
난 이것이 가고 이것이 나를 허망 속에서 울도록 해주고
다시 혼자가 되게 만들어주기를 바래요
내가 마음에 둔 단 하나의 그 여자는
새로운 시작을 위해 가 버렸어요.
그러나 그녀는 그녀가 떠난 그날
내 마음도 함께 가져갔다는 걸
거의 알지 못하겠지요.
비여, 이제 내게 말해줘요
그녀가 내 마음을 훔쳐간 것을
그녀가 마음에 두지 않는다면
공평한 건지?
난 나의 마음이 어디론가 멀리 떨어져 있으면
다른 사람을 사랑할 수가 없어요.

비여, 그녀에게 내가 그녀를 무척 사랑한다고
말해주지 않을래요?
그녀의 마음이 다시 타오르도록
해님에게 부탁해주세요.
비님, 우리가 알고 있는 사랑이
그녀의 마음 안에서 자랄 수 있도록
시작하게 해 주세요.

2.7.A-1. 영작 1단계 - 문장 찾기와 여러 개로 구분하기

1	떨어지는 비 소리의 리듬을 들어보세요
1-1	내가 얼마나 바보로 지내고 있는지
2	나는 바래요
2-1	이 것이 가기를
2-2	그리고 허망 속에서 울도록 해주기를
2-3	그리고 혼자가 되게 만들어주기를
3	단 하나의 그 여자는 가버렸어요
3-1	내가 마음에 둔
4	그녀는 거의 알지 못하겠네요
4-1	그녀가 떠난 그날
4-2	내 마음도 함께 가져갔다는 것을
5	비여, 내게 말해주세요
5-1	그게 공평한 건지?
5-2	그녀가 마음을 쓰지 않는다면
5-3	내가 다른 사람을 사랑할 수 없는 것이
6	나의 마음이 어디론가 멀리 떨어져 있을 때
6-1	비여, 그녀에게 말해주지 않을래요?
6-2	내가 그녀를 그렇게 사랑하고 있다고
6-3	제발 태양에게 그녀의 마음을 자라게 할 수 있는지를 물어봐줘, 그리고 사랑이 다시 자라도록 시작할 수 있게 해줄 수 있는지
6-4	우리가 알았던 사랑

2.7.A-2 영작 2단계 - 주어, 동사 찾기와 동사의 시제 결정하기

1	들어보세요	현재
1-1	내가 지내고 있는지	현재완료
2	나는 바래요	현재
2-1	이 것이 가기를	과거
2-2	그리고 허망 속에서 울도록 해주기를	과거
2-3	그리고 혼자가 되게 만들어주기를	과거
3	단 하나의 그 여자는 가버렸어요	현재완료
3-1	내가 마음에 둔	현재
4	그녀는 거의 알지 못하겠네요	현재
4-1	그녀가 떠난	과거
4-2	(그녀가) 가져갔다는 것을	과거
5	비여, 말해주세요	현재
5-1	그게 같은가요?	현재
5-2	그녀가 마음을 쓰지 않는다면	현재
5-3	내가 사랑할 수 없는 것이	현재
6	나의 마음이 있을 때	현재
6-1	비여, 말해주지 않을래요?	미래
6-2	내가 사랑하고 있다고	현재
6-3	제발 태양에게	현재
6-4	우리가 알았던 사랑	과거

2.7.A-3 영작 3단계 - 문장의 형식 결정

1	떨어지는 비 소리의 리듬을 들어보세요	P3
1-1	내가 얼마나 바보로 지내고 있는지	P1
2	나는 바래요	P3
2-1	이 것이 가기를	P1
2-2	그리고 허망 속에서 울도록 해주기를	P5
2-3	그리고 혼자가 되게 만들어주기를	P5
3	단 하나의 그 여자는 가버렸어요	P1
3-1	내가 마음에 둔	P3
4	그녀는 거의 알지 못하겠네요	P3
4-1	그녀가 떠난 그날	P1
4-2	내 마음도 함께 가져갔다는 것을	P3
5	비여, 내게 말해주세요	P4
5-1	그게 공평한 건지?	P2
5-2	그녀가 마음을 쓰지 않는다면	P1
5-3	내가 다른 사람을 사랑할 수 없는 것이	P3
6	나의 마음이 어디론가 멀리 떨어져 있을 때	P1
6-1	비여, 그녀에게 말해주지 않을래?	P4
6-2	내가 그녀를 그렇게 사랑하고 있다고	P3
6-3	제발 태양에게 그녀의 마음을 자라게 할 수 있는지를 물어봐줘, 그리고 사랑이 다시 자라도록 시작할 수 있게 해줄 수 있는지	P5
6-4	우리가 알았던 사랑	P3

2.7.A-4 영작 4단계 - 영어의 Pattern 순서로 위치 변경

no	S	V	C or O	O or C	P#
1	(당신은)	들어보세요	떨어지는 비 소리의 리듬을	-말하고 있네요 -나에게 -(1-1)과 (1-2)를	3
1-1	정말, 얼마나 바보인지				감탄문
1-2	나는	지내왔어요	1-1처럼		2
2	나는	바래요	2-1		3
2-1	가인칭	갔기를			1
2-2	-그리고 (가인칭)	하게 했기를	내가	울게 -허망 속에서	5
2-3	(가인칭)	하게 했기를	내가	존재하게 -외롭게 -다시	5
3	-단 하나의 그 여자는	가버렸어요		-찾기 위해 -새로운 시작을	1
3-1	내가	마음에 둔			3
4	-그러나 그녀는	알아요	거의 아무것도 없는 것을	4-1	3
4-1	-그때 그녀가	떠난	그 날을	-따라서 -그녀와 함께(4-2)	1

4-2	그녀는	가져갔어요	나의 마음을		3
5	비여	-제발 말해주세요	나에게	(5-1) -지금	4
5-1	그것이	인 것 같은가요	공평한 것	-그녀가 -훔쳐간 -나의 마음	2
5-2	-다면 그녀가	상관하지 않는다면			1
5-3	나는	사랑할 수 없어요	다른 사람을		3
6	-다면 나의 마음들이	있다	-어딘가에 -멀리		1
6-1	비여	말해주지 않을래요	그녀에게	6-2	4
6-2	나는	사랑해요	그녀를		3
6-3	(당신 – Rain)	요구하세요	해님에게 비에게	하게 하기를 -그녀의 마음이 -자라기를 하게 하기를 -사랑이 -시작하게 -자라는 것을	5
6-4	우리가	알았던			3

2.7.B. 영어 부문

Rhythm of the rain

Listen to the rhythm of the falling rain
telling me just what a fool I've been
I wish that it would go and let me cry in vain
and let me be alone again

The only girl I care about has gone away
looking for a brand new start
But little does she know
that when she left that day
along with her she took my heart

Rain please tell me now
"Does that seem fair for her to steal my heart away,
when she doesn't care,
I can't love another"
When my heart is somewhere far away
"Rain, won't you tell her that I love her so?"
please ask the sun to set her heart aglow
and rain in her heart
let the love we knew start to grow

(* 읽기 목표 시간 – 40초)

2.7.B-1. 번역 1단계 - 문장 구분하기

1	(you) listen to the rhythm of the falling rain
1-1	what a fool
1-2	I have been
2	I wish
2-1	it would go
2-2	(it would) let me cry
2-3	(it would) let me be
3	The only girl has gone away
3-1	I care about
4	But little does she know
4-1	when she left that day
4-2	she took my heart
5	Rain please tell me
5-1	does that seem fair
5-2	she doesn't care
5-3	I can't love another
6	When my heart is somewhere far away
6-1	Rain, won't you tell her?
6-2	I love her
6-3	please ask the sun to set
6-4	we knew

2.7.B-2 번역 2단계 - 주어, 동사 찾기와 동사의 시제 파악

1	(you) listen to	현재

1-1	what a fool
	(*what 문장으로 시작하는 감탄문은 항상
	  'what + (형용사) + 명사'의 형태로 사용한다
	  하지만 how 감탄문은 뒤에 문장이 온다.)
		감탄문
		What 감탄문은 문장이 아님

1-2	I have been	현재완료
2	I wish	현재
2-1	it would go	가정법과거
2-2	(it would) let	가정법과거
2-3	(it would) let	가정법과거
3	The only girl has gone away	현재완료
3-1	I care about	현재
4	But little does she know (*She does know little의 도치형태이며 does는 동사를 강조하기 위해 동사 know 앞에 붙인 것)	현재
4-1	when she left	과거
4-2	she took	과거
5	Rain please tell	현재
5-1	does that seem	현재
5-2	does that seem	현재
5-3	I can't love	현재
6	When my heart is	현재
6-1	Rain, won't you tell	미래
6-2	I love	현재
6-3	please ask	현재
6-4	we knew	과거

2.7.B-3. 번역 3단계 - 문장의 형식 파악

1	(you) listen to the rhythm of the falling rain	P3
1-1	What a fool(1-2)	감탄문
1-2	I have been	P2 보어는 'a fool' 이므로
2	I wish	P3
2-1	It would go	P1
2-2	(it would) let me cry	P5
2-3	(it would) let me be	P5
3	The only girl has gone away	P1
3-1	I care about	P3
4	But little does she know	P3
4-1	when she left	P1
4-2	she took my heart	P3
5	Rain please tell me	P4
5-1	does that seem fair	P2
5-2	she doesn't care	P3
5-3	I can't love another	P3
6	When my heart is somewhere far away	P1
6-1	Rain, won't you tell her?	P4(의문문)
6-2	I love her	P3
6-3	please ask the sun to set	P5
6-4	we knew	P3

2.7.B-4. 번역 4단계 - 복문장의 경우 문장과 문장간의 관계 파악

1	Listen to the rhythm of the falling rain telling me just	
1-1	what a fool	이 문장은 감탄문이다. 1번 문장 telling이 필요로 하는 목적어 문장. tell은 보통 '~에게', '~을' 2개의 목적어가 오며 이 때 '~에게'를 먼저 사용한다. 4형식에서는 이러한 경우를 간접목적, 직접목적이라고 하며 구태여 말하면 이 자리에 문장이 오면 '직접목적절'이라고 할 수 있다.
1-2	I have been	1-1문장 'a fool'을 설명하는 문장
2	I wish	
2-1	that it would go	2번 문장 wish의 목적어로 온 것이며 항상 wish 다음에 오는 문장은 과거형으로 온다. 이럴 때 'that'을 관계대명사라고 한다.
2-2	(it would) let me try	2번 문장 wish의 2번째 목적어라고 할 수 있다. 'and로 연결되어 있으므로 2-1문장의 결과 2-2가 되었다고 할 수 있다.
2-3	(it would) let me be alone again	2-2문장과 나열하여 2-1의 결과를 또 하나 설명하는 문장 2-2와 마찬가지로 (it would)가 중복되므로 생략하였다고 볼 수 있다.
3	The only girl has gone away	
3-1	I care about	3번 문장 the only girl을 설명하는 문장

4	Little does she know	원래 문장은 'she does know little.'인 것을 도치시킨 문장이다. 이와 같이 도치는 '부사 + 동사(조동사가 있을 때는 조동사) + 주어'의 순으로 해야 한다. 'Little knows she'라고 해도 된다. 'does'는 강조를 위해 사용되었다.
4-1	when she left that day along with her	4번 문장 'know'의 목적어로 사용된 문장이다.
4-2	she took my heart	4-1문장 'with'의 목적어로 사용된 문장이다. 문장 앞에 'her'는 4-2문장 전체를 수식한 것이다.
5	Rain please tell me	
5-1	"Does that seem fair for her to steal my heart away?"	5번 문장 tell의 목적어 문장으로 의문문이 온 것이다.
5-2	when she doesn't care	5-3문장에 대한 조건을 설명하는 문장
5-3	I can't love another	5-2문장 조건에 대한 결과의 문장으로 이러한 경우는 시간에 대한 조건이라기 보다 가정법에 가깝다. 하나의 변형된 가정법이라고 볼 수도 있고 한국어로 번역 과정에서 가정법으로 하는 것이 무난하다고 볼 수도 있다.
6	When my hearts somewhere far away	
6-1	Rain, won't you tell her	6번 문장 조건에 대한 결과의 문장
6-2	that I love her	6-1번 문장 tell에 대한 직접목적어의 문장. 'that'은 이럴 때 관계대명사이다.

6-3	ask the sun to set her heart aglow and rain in her heart let the love start to grow	6-1에 이어 계속 Rain에게 부탁하는 말
6-4	we knew	6-3 문장 중 the love를 설명하는 말, 즉 '우리가 알았던 사랑'

2.7.B-5. 번역 5단계 - Pattern의 순서로 분리

no	S	V	C or O	O or C	P#
1	(you)	Listen to	the rhythm of the falling rain	-telling -me	3
1-1	-just what a fool(1-2)	감탄문			
1-2	I	have been			2
2	I	wish	2-1		3
2-1	-that it	would go			1
2-2	-and (it)	(would) let	me	cry -in vain	5
2-3	(it)	(would) let	me	(to) be -alone -again	5
3	The only girl(3-1)	has gone away		-looking for -a brand new start	1
3-1	I	care about			3
4	-But she	does know	-little (4-1)	(도치형 문장)	3

4-1	-that -when **she**	**left**	-that day -along -with her(4-2)		1
4-2	**she**	**took**	**my heart**		3
5	Rain, **(you)**	-please **tell**	**me**	-now (5-1)	4
5-1	-does **that**	**seem**	**fair**	-for her -to steal -my heart away	2
5-2	-when **she**	**doesn't care**	**5-3**		3
5-3	**I**	**can't love**	**another**		3
6	-When **my hearts**	**are**	-somewhere -far away		1
6-1	-Rain **you**	**won't tell**	**her**	6-2	4
6-2	-that **I**	**love**	**her**	-so	3
6-3	-please **(you)**	**ask**	**the sun** and	**to set** -her heart -aglow	5

- 143 -

			the rain -in my heart	(to) let the love(8-1) (to) start to grow	
6-4	we	knew			3

2.7.C. 문장 분석

Please ask the sun to set her heart aglow
and the rain in her heart let the love we knew start to grow.

2개의 문장으로 구성
(1) Please (you) ask the sun to set her heart aglow
 and the rain in her heart let the love(2) start to grow.
 직역 -> 너는 태양에게 그녀의 마음이 붉게 빛나게 고정시키고
    그녀의 마음 속에 있는 비에게 사랑이 다시 자라나도록
    시키는 것을 요구해봐
 의역 -> 제발 그녀의 마음이 붉게 빛나도록 태양에게 사랑이 다시
    자랄 수 있게 그녀 마음 속에 있는 비에게 부탁을 해봐
 (주어 + 동사 + 목적어 + 목적보어 P4;현재형)

주어 'you'가 생략된 일종의 명령어 문장으로 'the sun'에게 'to set'하는 것을 부탁하라는 뜻으로 'set'는 다시 her heart가 aglow하도록 하라는 뜻이다. 그리고 또 'the rain'에게 부탁하는 것은 'to let'하게 즉 시키도록 하는데 여기서 'the rain'은 그녀의 마음 속에 있는 'in her heart'를 먼저 설명하고 시키는 것은 'the love'가 'start'하도록 하는 것이다.
이 때 'let'이 사역동사 이므로 'to start'에서 'to'를 생략한 것이다.
5형식의 본동사가 사역동사이면 그 뒤 목적보어 자리에 오는 'to + 부정사'에서 'to'는 생략한다. 문장의 중간에 사역동사가 부정사나 동명사, 현재분사의 형태로 올 때도 그 뒤에 오는 'to + 부정사'에서 'to'도 역시 생략한다.

(2) we knew

　　우리가 알았던 사랑 (the love를 설명하는 말이므로)

　　(주어 + 동사 + 목적어 P3;과거형)

(1)번 문장에 있는 'the love'를 설명하는 것으로
　　'we knew'
　　가 과거이므로 '우리가 알았던 사랑'으로 해석하여야 하는 것이다.
　　원래는
　　the love that we knew
　　라고 관계대명사 'that'을 사용하여 'the love'와 그 뒤의 문장을 연결하여야 하는데 보통 그 뒤의 문장이 3형식이고 그 3형식 문장의 목적어가 선행사(여기서의 예로 보면 'the love')라면 종종 관계대명사 'that'은 생략하고 사용하기도 한다.

2.8 Saddle the wind

이태리인 아버지와 폴란드 출신 어머니를 둔 Lou Christie는
미국 펜실베니아주 Glemwillard에서 1943년 태어났다.
그의 원래 이름은 다소 어렵고 긴 Luigi Alfredo Giovanni Sacco이며
보통 Lou Christie라고 불리거나 Sacco라고 불리기도 한다.
고등학교를 졸업하고 뉴욕으로 간 그는 노래를 잘 불러
그곳에서 보컬 세션맨(session man ; 레코딩할 때 전문적으로 음악을 연주하는 사람)
으로 활약하게 된다. 남자로서는 드물게 3 octave를 넘나드는 음역으로 인해
많은 음악 작업에 참여하여 재능을 발휘한다.
작사, 작곡에도 재능을 보여 초기에 몇 번 음반을 내지만 실패를 한다.
1963년 녹음한 이 곡이 성공을 거두면서 이름이 알려지기 시작한다.
우리나라에서는 하남석이 '바람에 실려'라는 곡으로 번안하여 히트를 한
대표적인 7080 easy listening 계열 팝송 중 하나이다.

이 곡은 대중음악으로 드문 월츠 리듬으로 되어 있다.
월츠 리듬은 마디 안에 3박자만 있는 음악으로
다소 단조로운 느낌을 주지만 대신 매우 부드럽고 편안하다.
3박을 둘로 쪼개어 6개가 되면 8분의 6박자가 된다.
3박자 월츠는 우아하고 편안하며 느리게 되면
꽤 높은 가창력을 요구한다.
8분의 6박자 월츠는 다소 빠른 느낌을 주며 춤을 추기에 적당하다.
느린 월츠의 이 곡은 서정적인 멜로디와 가사로 인해
당시 많은 젊은이들의 사랑을 받았다.
특히 기타를 치며 부르기에 적당한 것은
가사도 짧고 연주 테크닉도 비교적 쉽기 때문이다.

2.8.A. 한글 부분

Saddle the wind

그 세상을 만나고,
걱정거리들로부터 벗어나기 위해
바람 속의 새처럼 나는 것
그리고 다시는 집에 돌아가지 않는 것이
나의 꿈이에요.

안장에 바람을 얹으세요
난 안장에 바람을 얹고 싶어요
그래서 당신이 있는 곳 어디든 타서 가고 싶어요.
그러면 당신은 웃기도 하고 울기도 하면서
나를 환영할 거에요.
사랑하는 이여 어떻게 되었으면 하는 것이(되기를 바라는 것)
바로 그것이에요.

안장에 바람을 얹으세요
난 안장에 바람을 얹고 싶어요
그래서 당신 곁으로 갈 때까지 가고 싶어요.
그러면 당신은 웃음으로 또는 눈물로
나를 환영할 거에요.
사랑하는 이여 어떻게 되었으면 하는 것이
(되기를 바라는 것이)
바로 그것이에요.

2.8.A-1. 영작 1단계 - 문장 찾기와 여러 개로 구분하기

1	나의 꿈이에요
2	안장에 바람을 얹으세요
3	난 안장에 바람을 얹고 싶어요
3-1	당신이 있는 곳 어디든지
4	당신은 웃을 거에요
4-1	그리고 울 거에요
4-2	또 나를 환영할 거에요
5	그것이 바로 그거에요
5-1	어떻게 되었으면 하는 것 말이지요
6	안장에 바람을 얹고 싶어요
6-1	당신 옆으로 갈 때까지
7	당신은 웃을 거에요
7-1	당신은 울 거에요
7-2	그리고 나를 환영할 거에요

2.8.A-2. 영작 2단계 - 주어, 동사 찾기와 동사의 시제 결정하기

1	이에요	현재
2	안장에 얹으세요	현재
3	나는 안장에 얹고 싶어요 *우리말로는 현재이지만 영어로는 'would like'를 사용해 부드럽고 겸손한 표현을 사용하였다. 영어의 형태는 과거이다.	현재
3-1	당신이 있는 곳 어디든지	현재
4	당신은 웃을 거에요	미래

4-1	울 거예요	미래
4-2	나를 환영할 거예요	미래
5	그것은 바로 그것이에요	현재
5-1	어떻게 되었으면 하는 것	현재
6	나는 없고 싶어요	현재
6-1	당신 곁으로 갈 때까지	현재
7	당신은 웃을 거예요	미래
7-1	당신은 울 거예요	미래
7-2	환영할 거예요	미래

2.8.A-3. 영작 3단계 – 문장의 형식 결정

1	나의 꿈이에요	P2
2	안장에 바람을 얹으세요	P3
3	난 안장에 바람을 얹고 싶어요	P3
3-1	당신이 있는 곳 어디든지	P1
4	당신은 웃을 거예요	P1
4-1	그리고 울을 거예요	P1
4-2	또 나를 환영할 거예요	P3
5	그것이 바로 그거에요	P2
5-1	어떻게 되었으면 하는 것 말이지요	P1
6	안장에 바람을 얹고 싶어요	P3
6-1	당신 옆으로 갈 때까지	P1
7	당신은 웃을 거예요	P1
7-1	당신은 울 거예요	P1
7-2	그리고 나를 환영할 거예요	P3

2.8.A-4. 영작 4단계 - 영어의 Pattern 순서로 위치 변경

no	S	V	C or O	O or C	P#
1	가인칭	이에요	꿈	-만나기 위해 세상을 -날기 위해 새처럼 -바람 위에서 -벗어나기 위해 -걱정거리들로부터 -절대 가지 않기 위해 -집으로 다시	2
2	(당신은)	안장에 얹으세요	바람을		3
3	나는	안장에 얹고 싶어요	바람을		3
3-1	-어디든지 당신이	있는 곳			1
4	-그러면 당신은	웃을 거에요			1
4-1	-그리고 당신은	울 거에요			1
4-2	-또 당신은	환영할 거에요	나를		3
5	-사랑하는 이여 그것이	이에요	그것		2
5-1	-어떻게	되어가요	되는 것이		1

- 152 -

6	나는	엎고 싶어요	바람을		3
6-1	-까지 내가	갈 때까지 (있을 때까지)	-당신 곁에		1
7	-그러면 당신은	웃을 거에요			1
7-1	-그리고 당신은	울 거에요			1
7-2	-또 당신은	환영할 거에요	나를		3

2.8.B. 영어 부문

Saddle the wind

It's my dream to see the world
and fly like a bird on the wind
to be free from the cares of the words
and never go home again

Saddle the wind
I'd like to saddle the wind
and ride to wherever you are
And you'll smile and cry and welcome me
Oh my darling that's how it's gonna be

Saddle the wind
I'd like to saddle the wind
and ride and ride till I'm by your side
And you'll laugh and cry and welcome me
Oh my darling that's how it's gonna be

(* 읽기 목표 시간 - 30초)

2.8.B-1. 번역 1단계 - 문장 구분하기

1	It is my dream to see the world
2	Saddle the wind
3	I'd like to saddle the wind
3-1	where you are
4	You will smile
4-1	and cry
4-2	welcome me
5	That is
5-1	how it is gonna(going to) be.
6	I'd like to saddle the wind
6-1	I am by your side
7	You will laugh
7-1	and cry
7-2	welcome me.

2.8.B-2 번역 2단계 - 주어, 동사 찾기와 동사의 시제 파악

1	It is	현재
2	(you) Saddle	현재
3	I'd like to saddle	가정법과거
3-1	where you are	현재
4	You will smile	미래
4-1	and cry (and you will cry)	미래
4-2	welcome (and you welcome me)	미래
5	That is	현재
5-1	how it is gonna(going to) be.	현재진행

6	I'd like to saddle the wind	가정법과거
6-1	I am	현재
7	You will laugh	미래
7-1	and cry	미래
7-2	welcome me.	미래

2.8.B-3 번역 3단계 - 문장의 형식 파악

1	It is my dream to see the world	P2
2	Saddle the wind	P3
3	I'd like to saddle	P3
3-1	where you are	P1
4	You will smile	P1
4-1	and cry	P1
4-2	welcome me	P3
5	That is	P2
5-1	how it is gonna(going to)	P1
6	I'd like to saddle	P3
6-1	I am by your side	P1
7	You will laugh	P1
7-1	and cry	P1
7-2	welcome me.	P3

2.8.B-4. 번역 4단계 - 복문장의 경우 문장과 문장간의 관계 파악

3	I'd like to saddle the wind and ride to	
3-1	wherever you are	3번 문장 'ride to'에서 전치사 'to' 때문에 필요로 하는 문장으로 이러한 경우를 '전치사의 목적어'라고 한다. 직역하면 '~로 타고 간다'.
4	You will smile	
4-1	and cry	4번 문장과 더불어 이어지는 시간의 흐름에 따른 나열의 문장
4-2	welcome me	4-1 문장에 이은 나열의 문장
5	That is	
5-1	how it is gonna be (going to be)	5번 문장의 보어 자리에 대신 온 문장. 이러한 경우를 '보어절'이라고 한다. 세밀하게 말하면 주격보어이므로 '주격보어절'이라고 할 수도 있겠다.
6	I'd like to saddle the wind and ride and ride	
6-1	till I am by your side.	6번 문장을 위한 조건의 문장
7	You will laugh	
7-1	and cry	7번 문장에 이은 나열되는 문장
7-2	and welcome me	7-1 문장에 이은 나열되는 문장

2.8.B-5. 번역 5단계 - Pattern의 순서로 분리

no	S	V	C or O	O or C	P#
1	*It*	*is*	*my dream*	-to see the world -and -(to) fly -like a bird -on the wind -to be free -from the cares of the words -and -never (to) go home again	2
2	*(you)*	*Saddle*	*the wind*		3
3	*I*	*would like*	*to saddle* -the wind -and ***(to) ride*** to (3-1)		3
3-1	-wherever *you*	*are*			1

4	-And **you**	**will smile**			1
4-1	-and	**cry**			1
4-2	-and	**welcome**	**me**		3
5	-Oh, -my darling **that**	**is**	**5-1**		2
5-1	-how **it**	**is going**	to be		1
6	**I**	**would like**	**to saddle** -the wind -and **(to) ride**		3
6-1	-till **I**	**am**	by your side		1
7	-And **you**	**will laugh**			1
7-1	-and	**cry**			1
7-2	-and	**welcome**	**me**		3

2.8.C. 문장 분석

That is how it is gonna be.

2문장으로 구성

(1) That is (2)
    의역 -> 그것이 (2)에요
    (주어 + 동사 + 보어 ; P2 현재형)

여기서 주어 'that'은 지시대명사 '저것'의 의미보다 '바로 그런 거에요'
이런 의미로 주로 사용된다. 예를 들면

That is why I love you.

'그게 바로 내가 당신을 좋아하는 이유에요'처럼.
보어의 자리에 단어 대신 (2)번 문장이 왔다. 이러한 경우를 '보어절'이라고 하며 세밀하게 말하면 '주격보어'이므로 '주격보어절'이라고 할 수 있다.
주격보어는 주어를 설명하는 말로서 명사, 형용사, 부사 어떤 단어도 올 수 있으며 '동명사, 부정사'등 변형된 동사도 올 수 있다.
주격보어는 정확히 말하면 주어를 설명하는 말이다. 그래서 '주격보어'라고 하는 것이다. 그러므로 당연히 주어를 설명하는 어떠한 단어도 올 수 있을 뿐만 아니라 여기의 예문처럼 이 자리에 문장이 올 수도 있는 것이다.
이처럼 문장의 5형식에서 5형식을 구성하는 해당하는 단어의 자리에 문장이 올 수가 있고 이를 '5형식 안에서 사용된 복문장'이라고 한다.
(필자 저서 '복문장 영작의 모든 것' 참조)

(2) How it is gonna (going to) be.
 의역 -> 어떻게 되어 가고 있는지요.
 (주어 + 동사 ; P1 현재진행형)

'how'로 시작하는 의문문을 (1)번 문장 보어의 자리에 붙여 놓은 것과 같다. 이처럼 의문문이 아니면서 의문문의 형태를 복문장을 구성하기 위해 사용할 때는 의문문처럼 주어와 동사(혹은 조동사)의 위치를 바꾸지 않고 그냥 보통의 평서문과 같이 '주어 + 동사'의 순서로 단어를 나열한다. 그래서 내용에 따라서는 내용의 본질은 의문문이면서도 평서문의 형태를 유지하는 경우도 있다. 이러한 경우를 간접적으로 묻는다 하여 '간접의문문'이라고 한다.
예를 들면

I don't know how much you love me.

위 예문은 결국 '얼마나 당신이 나를 사랑하는 지'를 묻고 있다. 이 경우는 의문문을 목적어 자리에 사용한 것으로 관계대명사와는 다르다.

'gonna'는 'going to'의 줄인 말로 아주 많이 사용되는 표현이다.
직역하면 '~을 하러 가는 중이다'라고 볼 수 있는데 문법적으로는 현재진행형이지만 아주 가까운 미래의 의미로 사용된다.

2.9 If you are going to San Francisco

Mamas & Papas의 멤버인 John Phillips가 1967년 작곡하고 발표한 곡으로 Monterey Pop 페스티벌에 소개되어 각광을 받은 곡이다. 가끔은 'San Francisco'만으로도 제목이 소개될 만큼 샌프란시스코를 상징하는 노래가 되었다. 1967년 빌보드 차트 4위에 랭크되어 4주간이나 유지되었다. 특히 이 노래는 영국과 유럽에서 더 많이 히트가 되었고 이 싱글은 무려 전 세계적으로 7백 만장이나 팔렸다. 지금처럼 오디오 기기가 발전하지 않았던 당시에는 그야말로 어마어마한 판매량이다.

또한 이 노래의 대표적인 수혜자는 샌프란시스코일 것이다. 1960년대 말 이 노래 때문에 전 세계의 젊은이들이 샌프란시스코를 방문하여 도시가 유명하게 되는데 일조하게 된다. 가사의 내용에서 보면 '샌프란시스코에 가면 머리에 꽃을 꽂는 걸 잊지 마세요'라는 구절이 있어 더욱 샌프란시스코가 그리워지게 된다.

이 노래는 여러 영화에서 테마음악으로 사용되기도 하였고 Led Zeppelin, U2's Bono에 의해 자주 연주되기도 하였다. 특히 1968년 체코슬로바키아에서 있었던 '프라하의 봄' 운동이 한창이던 시절 가장 많이 연주되며 자유를 위한 상징의 노래가 되었다. 아마도 당시 미국은 제3 세계의 젊은이들에게는 꿈이었으며 자유와 부를 상징하였기 때문이었을 것이다.

매우 서정적이고 아름다운 멜로디와 더불어 라틴 리듬인 Rumba 스타일의 진행 때문에 더욱 친근감을 주는 곡이다. 남녀 누구에게나 어울리는 곡이며 바이브레이션이나 아무런 기교 없이 깔끔하게 부르면 더욱 노래의 멋을 살릴 수 있다. 고음 부분에서 음이 틀리지 않도록 배에 힘을 충분히 주고 내지르지 말고 곱게 부를 수 있다면 너무나 멋지게 들릴 것이다. 물론 쉽게 되지는 않겠지만. 샌프란시스코에 가면 꼭 불러보기를.

2.9.A. 한글 부분

If you're going to San Francisco

만일 당신이 샌프란시스코에 간다면
꼭 머리에 꽃을 꽂도록 하세요
만일 당신이 샌프란시스코에 간다면
당신은 거기서 친절한 사람들을 만날 거에요

샌프란시스코로 가는 사람들을 위해서
거기선 여름은 사랑의 모임이 될 거에요

샌프란시스코의 거리에는
머리에 꽃들을 하고 있는 친절한 사람들
모든 국가에서 건너온
동요 속에 사람들
새로운 설명거리를 가진 전세대가 있어요.

2.9.A-1. 영작 1단계 – 문장 찾기와 여러 개로 구분하기

1	만일 당신이 샌프란시스코에 간다면
1-1	꼭 머리에 꽃을 꽂도록 하세요
2	당신은 친절한 사람들을 만날 거에요
2-1	샌프란시스코에 온 사람들이지요
3	여름은 사랑의 모임이 될 거에요
4	샌프란시스코의 거리에는 머리에 꽃들을 하고 있는 친절한 사람들
5	거기엔 모든 세대의 사람들이 있어요
5-1	샌프란시스코에 온 사람들이지요

2.9.A-2. 영작 2단계 – 주어, 동사 찾기와 동사의 시제 결정하기

1	당신이 간다	현재 (영어문장에서는 be going to인 현재진행을 사용하였음)
1-1	꼭 (확실히) 하세요	현재 (영어에서는 be동사의 원형을 이용해 명령문을 사용하였음)
2	당신은 만날 거에요	현재
2-1	온 사람들이지요	현재
3	여름은 될 거에요	미래
4	샌프란시스코의 거리에는 머리에 꽃들을 하고 있는 친절한 사람들	문장 아님

5	있어요	현재
5-1	온 사람들이지요	현재

2.9.A-3. 영작 3단계 - 문장의 형식 결정

1	만일 당신이 샌프란시스코에 간다면	P1
1-1	꼭 머리에 꽃을 꽂도록 하세요 (*영어 문장은 **be sure to~**'를 사용하였다.	P2
2	당신은 친절한 사람들을 만날 거에요	P1
2-1	샌프란시스코에 온 사람들이지요	P1
3	여름은 사랑의 모임이 될 거에요	P2
4	샌프란시스코의 거리에는 머리에 꽃들을 하고 있는 친절한 사람들	단어의 나열
5	거기엔 모든 세대의 사람들이 있어요	P2
5-1	샌프란시스코에 온 사람들이지요	P1

2.9.A-4. 영작 4단계 - 영어의 Pattern 순서로 위치 변경

no	S	V	C or O	O or C	P#
1	-만일 당신이	가려고 한다면	-샌프란시스코에		1
1-1	(당신은) (형용사의 명령어는 'be'동사의 원형을 사용한다.	하세요	확실하게 -꽂는 것을 -약간의 꽃들을	-당신의 머리에	2
2	당신은	하게 되요	-만나는 것을 -어떤 친절한 사람들을	-거기 -그런 사람들을 위해	1
2-1	그 사람들은	옵니다	-샌프란시스코에		1
3	여름은	될 거에요	사랑의 모임이	-거기에서는 -샌프란시스코의 거리에서는	2
4	샌프란시스코의 거리에는 머리에 꽃들을 하고 있는 친절한 사람들				문장 아님
5	가인칭	있어요	모든 세대가	-새로운 설명거리를 갖은 -동요 속의 사람들 -그 사람들을 위한	2
5-1	그 사람들은	옵니다	-샌프란시스코에		1

2.9.B. 영어 부문

If you are going to San Francisco

If you're going to San Francisco
be sure to wear some flowers in your hair
If you're going to San Francisco
you're gonna meet some gentle people there
for those who come to San Francisco
Summertime will be a love-in there
in the streets of San Francisco
gentle people with flowers in their hair
all across the nation such a strange vibration
people in motion
There's a whole generation with a new explanation
People in motion people in motion
for those who come to San Francisco
Be sure to wear some flowers in your hair
If you come to San Francisco
Summertime will be a love-in there

(* 읽기 목표 시간 – 40초)

2.9.B-1. 번역 1단계 - 문장 구분하기

1	If you are going to San Francisco
1-1	be sure to wear some flowers in your hair
2	You are gonna meet some gentle people there for those
2-1	who come to San Francisco
3	Summertime will be a love in there in the streets of San Francisco
4	Gentle people with flowers in their hair All across the nation such a strange vibration People in motion
5	There is a whole generation with a new explanation People in motion for those
5-1	who come to San Francisco

2.9.B-2 번역 2단계 - 주어, 동사 찾기와 동사의 시제 파악

1	If you are going to (*가정법은 현재진행이라고 표현하지 않는다)	가정법 현재
1-1	be	현재
2	You are going	현재진행
2-1	who come to	현재
3	Summertime will be	미래
4	Gentle people with flowers in their hair All across the nation such a strange vibration People in motion	문장 아닌 단어의 나열
5	There is	현재
5-1	who come to	현재

2.9.B-3. 번역 3단계 - 문장의 형식 파악

1	If you are going to San Francisco	P1
1-1	be sure to wear some flowers in your hair	P2
2	You are gonna meet some gentle people there for those	P1
2-1	who come to San Francisco	P1
3	Summertime will be a love in-there in the streets of San Francisco	P2
4	Gentle people with flowers in their hair All across the nation such a strange vibration People in motion	
5	There is a whole generation with a new explanation people in motion for those	P2
5-1	who come to San Francisco	P1

2.9.B-4. 번역 4단계 - 복문장의 경우 문장과 문장간의 관계 파악

1	If you are going to San Francisco	
1-1	be sure to wear some flowers in your hair	1번 if 조건에 대한 결과의 문장
2	You are gonna meet some gentle people there for those	
2-1	who come to San Francisco	3번 문장 those를 설명하는 말 이 때 who를 '관계대명사'라고 하며 여기서는 who자체가 주어로 사용된 것이다.

5	There is a whole generation with a new explanation people in motion for those	
5-1	who come to San Francisco	6번 문장의 those를 설명하는 문장 'who'가 관계대명사이다.

2.9.B-5. 번역 5단계 - Pattern의 순서로 분리

no	S	V	C or O	O or C	P#
1	-If **you**	**are going**	to San Francisco		1
1-1	**(you)**	**Be**	**sure** -to wear -some flowers	-in your hair	2
2	**You**	**are going**	to meet -some gentle people	-there -for those	1
2-1	**who**	**come**	to San Francisco		1
3	**Summertime**	**will be**	**a love** -in there -in the streets of San Francisco		2
4	Gentle people with flowers in their hair All across the nation such a strange vibration People in motion				
5	**There**	**is**	**a whole generation**	-with a new explanation -people in motion -for those	2
5-1	**who**	**come**	to San Francisco		1

2.9.C. 문장 분석

If you are going to San Francisco,
 be sure to wear some flowers in your hair.

2문장으로 구성

(1) If you are going to San Francisco
   직역 -> 만일 당신이 샌프란시스코에 가는 중이라면
   의역 -> 만일 당신이 샌프란시스코에 가시려고 한다면
   (주어 + 동사 ; P1 현재진행형)

현재진행형은 실제 현재진행이 아닌 상황은 가까운 미래의 하려고 하는 예정을 뜻한다. 특히 현대 영어에서는 'be going to'를 사용하지 않고 직접 진행형으로 표현한다. 예를 들면

I am playing the guitar.

이렇게 말을 할 때 현재 기타를 치지 않고 있는 상황이라면 곧 기타를 연주하겠다는 의미가 되는 것이다.

(2) be sure to wear some flower in your hair.
   직역 -> 머리에 꽃을 입는 것을 확실히 하세요
   의역 -> 머리에 꽃을 꽂는 걸 잊지 마세요.
   (주어 + 동사 + 보어 ; P2 현재형)

'Be sure' 이와 같이 'be' 동사의 원형을 사용하였다면 일종의 명령어가 되는 것이다. 예를 들어

'Be quite – 조용히 하세요'와 같다.

'be sure'는 내용상 '무엇을 확실히 하는 것'인지가 표현되어야 한다. 형용사임에도 불구하고 목적어를 요구할 수 밖에 없는 단어이다. 따라서 무엇인가를 확실히 한다는 것은 동사의 형태가 올 수 밖에 없고 이러한 형태는 'to + 동사' 즉 부정사의 형태가 오게 되는 것이다.
예를 들어

Be sure to close the window.
창문을 닫는 것을 확실히 해(잊지마).

이다.
회화에서 아주 많이 사용하는 표현이므로 익히면 유용하다. 여기서는 'to wear'가 왔으므로 직역하면 '입는 것'이 되며 꽃을 머리에 꽂는 것도 영어에서는 '입는다'라고 표현하여 'wear'를 사용한다. 그러므로 'some flowers'는 'to wear'가 타동사이므로 이의 목적어가 되는 것이다.

2.10 Sunrise Sunset

1971년 발표된 영화 '지붕 위의 바이올린 – Fiddler on the roof'의
주제곡으로 사용된 음악으로 서정적인 바이올린의 멜로디와
느리고 부드러운 왈츠풍의 진행이 아름다운 곡이다.
이 영화는 우크라이나의 어느 작은 시골 마을에서 벌어지는 전통을 중요시하는 다섯 딸을
둔 가난한 우유가공업을 하는 아버지의 이야기이다.
마을의 전통은 아버지가 정해준 신랑감과 딸이 혼인을 맺는 것이지만
딸들은 하나같이 자기가 사랑하는 사람을 찾아 결혼을 하게 되고
딸의 사랑을 외면하지 못하는 아버지와 어머니는 결국 승낙하게 되고
다섯 딸들은 전부 그렇게 결혼한다. 그리고 마을은 러시아의 침공으로
점령당하고 마을을 떠나게 되는 비극을 맞게 되지만
여전히 아버지는 전통을 외치면서도 외세의 침공
그리고 현대화되는 사회의 물결을 거역하지 못한다.

이 영화는 근대화되는 시대적 배경과 외세의 침입으로 무너져 가는 마을과 전통 그리고
가정의 이야기를 딸들의 사랑을 주제로 하여 아름답게 그려내고 있다.
특히 아름다운 바이올린 선율의 음악은 이 작은 가정의 모습과
슬프고 힘없는 가장의 모습을 잘 표현하고 있다.
대사의 상당부분을 노래로 표현하고 있는 뮤지컬 영화이다.
이 곡 외에도 주옥 같은 많은 곡들이 연주되고 노래로 불려진다.

클래식에서는 바이올린 연주자를 바이올리니스트(violinist)라고 하지만
서양에서 민속음악을 연주하는 바이올린은 'fiddle'이라고 하였다.
그리고 **fiddle**을 연주하는 사람을 'fiddler'라고 한다.
그러니까 이 영화의 제목은 사실 '지붕 위의 피들러'라고 하여야 한다.

2.10.A 한글 부분

Sunrise Sunset

이 작은 소녀가 내가 안고 다니던 그 아이인가?
이 작은 노는 소년이 그 아이인가?
어느새 자라고 있다는 것이 기억이 안나.
이 아이들이 언제 나이가 든 걸까?

언제 그 소녀가 아름다운 여자가 되었지?
언제 그 아이가 저렇게 크게 자랐지?
그들이 작았을 때가 어제가 아니었나?
해가 뜨고 해가 지고
해가 뜨고 해가 지고,

세월은 빠르게 지나가네
뿌린 씨앗들이 밤 새 해바라기가 되었네
그들은 심지어는 보고 있는데도 피는 걸
해가 뜨고 해가 지고
해가 뜨고 해가 지고,

세월은 빠르게 지나가네
한 계절이 지나면 그 다음엔
행복과 눈물을 가득 채운
또 다른 짐이 오네.

2.10.A-1. 영작 1단계 - 문장 찾기와 여러 개로 구분하기

1	이 아이가 작은 소녀인가?
1-1	내가 안고 다니던
2	이 아이가 작은 소년인가
3	나는 자라고 있다는 것이 기억이 안나
4	그들이 나이가 드는
5	그 여자 애가 언제 되었지?
6	그가 언제 크게 자랐지?
7	어제가 아니었던가
7-1	그들이 작았을 때였는데
8	해는 뜨고 해는 지고
9	세월은 지나가네
10	씨앗은 해바라기가 되네
10-1	그들이 보고 있는데
11	세월은 빠르게 지나가네

2.10.A-2. 영작 2단계 - 주어, 동사 찾기와 동사의 시제 결정하기

1	이 아이가 인가?	현재
1-1	내가 안고 다니던	과거
2	이 아이가 인가	현재
3	나는 기억이 안나	현재
4	그들이 나이가 드는	현재
5	그 여자 애가 되었지?	과거
6	그가 자랐지?	과거
7	아니었던가	과거

7-1	그들은 였어	과거
8	해는 뜨고 해는 지고	현재
9	세월은 지나가네	현재
10	씨앗은 되네	현재
10-1	그들이 보고 있는데	현재
11	세월은 지나가네	현재

2.10.A-3. 영작 3단계 – 문장의 형식 결정

1	이 아이가 작은 소녀인가?	P2
1-1	내가 안고 다니던	P3
2	이 아이가 작은 소년인가	P2
3	나는 자라고 있다는 것이 기억이 안나	P3
4	그들이 나이가 드는	P2
5	그 여자 애가 언제 되었지?	P3
6	그가 언제 크게 자랐지?	P1
7	어제가 아니었던가	P1
7-1	그들이 작았을 때였는데	P2
8	해는 뜨고 해는 지고	P1
9	세월은 지나가네	P1
10	씨앗은 해바라기가 되네	P2
10-1	그들이 보고 있는데	P3
11	세월은 빠르게 지나가네	P1

2.10.A-4. 영작 4단계 - 영어의 Pattern 순서로 위치 변경

no	S	V	C or O	O or C	P#
1	이 아이가	인가	작은 소녀		2
1-1	내가	안고 다니던			3
2	이 아이가	인가	작은 소년	-노는	2
3	나는	기억이 안나	자라고 있다는 것이	-나이가 먹게	3
4	-때 그들이	자라	나이를 먹어버린		2
5	-때 그 소녀가	자라	-되게(to be)	-아름다운 미인이	3
6	-떼 그 아이가	자라	-되게	-크게	1
7	가인칭	이지 않았어	어제		1
7-1	-때 그들이	였지	작았어		2
8	해는 뜨고, 해는 지고				1
9	세월은	지나가네	빠르게		1
10	씨앗은	되네	-밤새 -해바라기로	-피면서 -심지어는	2
10-1	-있는데도 그들은	보고 있는데			3
11	세월은	지나가네	빠르게		1

2.10.A. 영어 부문

Sunrise Sunset

Is this the little girl I carried?
Is this the little boy at play?
I don't remember growing older,
When did they?
When did she get to be a beauty?
When did he grow to be so tall?
Wasn't it yesterday when they were small?
Sunrise Sunset, Sunrise Sunset
swiftly flow the days,
seedlings turn overnight to sunflowers,
blossoming even as they gaze...
Sunrise Sunset, Sunrise Sunset!
swiftly fly the years,
one season following another,
laden with happiness and tears...

(* 읽기 목표 시간 – 35초)

2.10.B-1. 번역 1단계 - 문장 구분하기

1	Is this the little girl
1-1	I carried
2	Is this the little boy at play
3	I don't remember growing older
4	When did they (grow older)?
5	When did she get to be a beauty
6	When did he grow to be so tall
7	Wasn't it yesterday
7-1	when they were small
8	Sunrise sunset
9	Swiftly flow the days (* The days flow swiftly. 의 도치 문장이다)
10	Seedings turn overnight to sunflowers
10-1	as they gaze
11	Swiftly fly the years. (* The years fly swiftly. 의 도치 문장이다)

2.10.B-2 번역 2단계 - 주어, 동사 찾기와 동사의 시제 파악

1	Is this	현재
1-1	I carried	과거
2	Is this	현재
3	I don't remember	현재
4	When did they (grow older)?	과거
5	When did she get	과거
6	When did he growl	과거

7	Wasn't it	과거
7-1	when they were	과거
8	Sunrise sunset (단어-명사-를 나열함)	감탄문
9	Swiftly flow the days (* The days flow swiftly. 의 도치 문장이다)	현재
10	Seedings turn to	현재
10-1	as they gaze	현재
11	Swiftly fly the years. (* The years fly swiftly. 의 도치 문장이다)	현재

2.10.B-3. 번역 3단계 - 문장의 형식 파악

1	Is this the little girl	P2
1-1	I carried	P3
2	Is this the little boy at play	P2
3	I don't remember growing older	P3
4	When did they(grow older)?	P2
5	When did she get to be a beauty	P3
6	When did he grow to be so tall	P1
7	Wasn't it yesterday	P1
7-1	when they were small	P2
8	Sunrise sunset	
9	Swiftly flow the days (* The days flow swiftly. 의 도치 문장이다)	P1
10	Seeding turn overnight to sunflowers	P2
10-1	as they gaze	P3

| 11 | Swiftly fly the years.
(* The years fly swiftly. 의 도치 문장이다) | P1 |

2.10.B-4. 번역 4단계 - 복문장의 경우 문장과 문장간의 관계 파악

1	Is this the little girl	
1-1	I carried	1번 문장 the little girl을 설명하는 문장
7	Wasn't it yesterday	
7-1	when they were small	2번 문장에 대한 시간적 조건을 설명하는 문장
10	Seeding turn overnight to sunflowers blossoming even	
10-1	as they gaze	10번 문장 even(심지어)에 따른 보완적 성격의 설명하는 문장으로 '보고 있으면서 피고 있다'를 설명하고자 함.

2.10.B-5. 번역 5단계 - Pattern의 순서로 분리

no	S	V	C or O	O or C	P#
1	This	is	the little girl		2
1-1	I	carried			3
2	This	is	the little boy	-at play	2
3	I	don't remember	growing -older		3
4	-when -did they	(grow)	(older)		2
5	-when -did she	get	to be	a beauty	3
6	-when -did he	grow	to be	-so tall	1
7	It	wasn't	yesterday		1
7-1	-when they	were	small		2
8	Sunrise	Sunset			
9	The days	flow	swiftly	*도치된 문장	1
10	Seedings	turn to	-overnight sunflowers	-blossoming -even	2

10-1	-as *they*	*gaze*			3
11	**The years**	**fly**	swiftly	*도치된 문장 -one season -following 　another -laden with -happiness -and tears	1

2.10.C. 문장 분석

Wasn't it yesterday when they were small?

2문장으로 구성

(1) Wasn't it yesterday?
 의역 -> 어제가 아니었던가?
 (주어 + 동사 ; P1 과거)

 의문문이므로 동사와 주어의 위치가 바뀐 것이다.

(2) when they were small
 의역 -> 그들이 작았을 때
 (주어 + 동사 ; P2 과거)

 형태는 의문문을 붙여 놓은 것이다. (1)번 문장의 조건을 설명한 것이다.
 이렇게 2개 이상의 문장을 연결하는 복문장에서 'when' 문장은 시간의 흐름
 이나 시간의 조건을 의미할 때는 뒤에 위치하여야 한다.
 영어는 의미를 전달하고자 하는 의미에서 볼 때 중요한 순이기 때문에
 메시지를 전달하고자 하는 것은 (1)번 문장이 우선이기 때문이다.
 우리말은 영어와 반대로 '~였을 때 무엇을 하였다'라는 식으로 말한다.
 그래서 'when'으로 영어문장을 시작하는 경향이 있지만 영어는 그렇지 않다.
 만일 'when'이 앞의 문장에 왔다면 일종의 가정법이거나 문장 전체에 영향을
 주는 중요한 의미를 조건의 의미가 강하기 때문이다.

2.11 Who will stop the rain

1970년대 'Go Go' 열풍이 불던 시절 소위 'GoGo장'에서 남녀가 짝짓는 미팅을
하면서 춤을 출 때 가장 많이 연주되고 들려주던 곡 중 하나이다.
당시 그룹 CCR이 연주하고 부르던 모든 곡들은 거의 대부분
'고고춤'을 위한 곡들이라고 하여도 과언이 아니다.
CCR은 Creedence Clean water Revival의 약자로 직역하면
'믿음직한 순수한 물의 회귀'정도라고 할까?
아무튼 이들이 최초 음악그룹을 결성한 것은 불과 중학생 때이다.
그룹 결성을 주도한 'John Forgerty'가 작곡, 작사를 맡고 리드싱어를 맡으면서
사실상의 그룹을 주도하였다. 흑인 음악인 Blues의 영향을 많이 받았고
최초의 히트곡인 'Suzie Q'를 통해 유명해졌다. 그 밖에 "Proud Mary"가 있으며
이 곡과 더불어 대표적인 손꼽는 그들의 곡이 'Who will stop the rain'이다.
CCR의 가사를 보면 특히 비에 관한 언급이 많은 편이다.
그리고 가사는 비교적 철학적인 내용을 담고 다소 어려운 편이다.
그렇지만 그에 비해 음악은 명쾌하고 단순하며 매우 밝다.
CCR만의 음악 세계가 독특하고 개성이 뚜렷함을 알 수 있다.

'Go Go'리듬은 어쩌면 아주 단순한 리듬이다. '쿵쿵 딱딱 쿵쿵 딱딱'의 4박자가
지속적으로 반복되는 리듬으로 드럼을 칠 줄 몰라도 막대기로 혹은 손바닥으로
쉽게 그 리듬을 칠 따라 할 수 있다. 그만큼 단순하면서도 흥겹다.
기타를 칠 때도 피크로 내려치면서 왼손으로 잡고 있는 코드의 손가락들을
그 리듬에 맞추어 순간적으로 손을 떼기만 하면 음의 지속이 끊어지기 때문에
'GoGo' 리듬의 맛을 충분히 낼 수 있다.
코드를 익히기 시작하였다면 서서히 대중음악의 리듬세계로 빠지는
첫 번째 도전이 바로 'GoGo' 리듬이라고 할 수 있다.

2.11.A. 한글 부분

Who will stop the rain

오래된 기억인데 비가 꽤 오래 내리고 있었지
땅에 신비한 구름들이 혼란하게 쏟아지고 있었지.
세대를 건너 뛰면서 괜찮은 남자들이
태양을 찾으려고 노력하고 있었지.
그래서 난 궁금해. 아직도 궁금하다고.
누가 그 비를 멈춰 줄 건지.

난 폭풍으로부터 대피할 곳을 찾아
버지니아로 내려갔어.
우화 속에 빠진 채 난
거대한 구조물이 점점 커가는 걸 지켜보았어
5년의 계획과 뉴딜(정책)은
금으로 된 사슬로 포장된 거야.

가수들이 노래하는 소릴 들었어
우리가 얼마나 더 기뻤을까
많은 사람들은 함께 몰려갔지.
따스함을 유지하려고 노력하면서 말이지.
아직도 그 비는 내 귀에 떨어지며 계속 퍼붓고 있었네.

2.11.A-1. 영작 1단계 – 문장 찾기와 여러 개로 구분하기

1	(내) 기억인데 비가 꽤 오래 내리고 그리고 신비한 구름들을
2	괜찮은 남자들이 태양을 찾으려고 노력하고 있었지
3	나는 궁금해
3-1	누가 멈춰줄 건지 그 비를
4	나는 내려갔어
5	나는 우화 속에 빠졌어
6	나는 커다란 구조물이 커가는 것을 지켜보았어
7	5년 계획과 뉴딜정책은 포장된 거야
8	우리는 가수들이 노래하는 것을 들었어
9	우리가 얼마나 기뻤을까
10	많은 사람들은 몰려갔지
11	비는 계속 떨어지며 퍼붓고 있었어

2.11.A-2. 영작 2단계 – 주어, 동사 찾기와 동사의 시제 결정하기

1	(내가) 기억해	현재
2	괜찮은 남자들이 노력하고 있었지	과거
3	나는 궁금해	현재
3-1	누가 멈춰줄 건지	미래
4	나는 내려갔어	과거
5	나는 빠졌어	과거
6	나는 지켜보았어	과거
7	5년 계획과 뉴딜정책은 포장된 거야	과거
8	우리는 가수들이 노래하는 것을 들었어	과거

9	우리가 얼마나 기뻤을까	과거
10	많은 사람들은 몰려갔지	과거
11	비는 계속 떨어지며 퍼붓고 있었어	과거

2.11.A-3. 영작 3단계 – 문장의 형식 결정

1	(내) 기억인데 비가 꽤 오래 내리고 그리고 신비한 구름들은 쏟아지고	P5
2	괜찮은 남자들이 태양을 찾으려고 노력하고 있었지	P3
3	나는 궁금해	P3
3-1	누가 멈춰줄 건지 그 비를	P3
4	나는 내려갔어	P1
5	나는 우화 속에 빠졌어	P1
6	나는 커다란 구조물이 커가는 것을 지켜보았어	P5
7	5년 계획과 뉴딜정책은 포장된 거야	P1
8	우리는 가수들이 노래하는 것을 들었어	P5
9	우리가 얼마나 기뻤을까	P1
10	많은 사람들은 몰려갔지	P1
11	비는 계속 떨어지며 퍼붓고 있었어	P3

2.11.A-4. 영작 4단계 - 영어의 Pattern 순서로 위치 변경

no	S	V	C or O	O or C	P#
1	-오래된 -인데 나는	기억해	그 비는 신비한 구름들이	꽤 오래 내리고 있었지 쏟아지고 있었지 -혼란스럽게 -땅에	5
2	좋은 사람들이 -세대를 건너 뛰는	노력했지	찾으려고 -태양을		3
3	-그리고 나는	궁금해	3-1		3
3-1	누가	멈춰 줄 건지	그 비를		3
4	나는	내려갔어	-버지니아로	-찾으려고 -대피할 곳을 -폭풍으로부터	1
5	(나는)	빠졌어	-우화 속에		1
6	나는	지켜보았어	거대한 구조물이	점점 커가는 것을	5
7	5년의 개획과 뉴딜(정책)은	포장되었어	-금으로 된 사슬로		1
8	(우리는)	들었어	가수들이	노래하는 것을	5

9	-얼마나 우리가	기뻤었나	-좀 더		1
10	많은 사람들은	-그 때 몰려갔지	-함께	-노력하면서 -유지하려고 -따스함을	1
11	-아직도 그 비는	계속했어	퍼붓는 것을 -그리고 떨어지는 것을	-내 귀에	3

2.11.B 영어 부문

Who will stop the rain

Long as I remember the rain been coming down
clouds of mystery pouring confusion on the ground.
Good men through the ages, tried to find the sun,
And I wonder, still I wonder,
who'll stop the rain.
I went down Virginia,
seeking shelter from the storm.
Caught up in the fable
I watched the tower grow.
Five year plans and new deals wrapped in golden chains.
And I wonder, still I wonder
who'll stop the rain.

Heard the singers playing
How we cheered for more.
The crowd then rushed together, trying to keep warm.
Still the rain kept pouring falling on my ears.
And I wonder, still I wonder
who'll stop the rain.

(* 읽기 목표 시간 – 40초)

2.11.B-1. 번역 1단계 - 문장 구분하기

1	I remember the rain been coming down and the clouds of mystery pouring confusion
2	Good men through the ages tried to find
3	I wonder
3-1	who will stop the rain
4	I went down Virginia
5	Caught up
6	I watched the tower
7	Five year plans and new deals wrapped
8	Heard the singers playing
9	How we cheered
10	The crowd then rushed
11	Still the rain kept pouring falling

2.11.B-2 번역 2단계 - 주어, 동사 찾기와 동사의 시제 파악

1	I remember	현재
2	Good men through the ages tried	과거
3	I wonder	현재
3-1	who will stop	미래
4	I went down	과거
5	(I) Caught up	과거
6	I watched	과거
7	Five year plans and new deals wrapped	과거

8	(I) Heard the singers playing	과거
9	How we cheered	과거
10	The crowd then rushed	과거
11	Still the rain kept	과거

2.11.B-3. 번역 3단계 - 문장의 형식 파악

1	I remember the rain been coming down And the clouds of mystery pouring confusion	P5
2	Good men through the ages tried to find	P3
3	I wonder	P3
3-1	who will stop the rain	P3
4	I went down Virginia	P1
5	Caught up	P1
6	I watched the tower (to) grow	P5
7	Five year plans and new deals wrapped	P1
8	Heard the singers playing	P5
9	How we cheered	P1
10	The crowd then rushed	P1
11	Still the rain kept pouring falling	P3

2.11.B-4. 번역 4단계 - 복문장의 경우 문장과 문장간의 관계 파악

3	I wonder	
3-1	who will stop the rain	3번 문장 wonder의 목적어 문장 (목적절)

2.11.B-5. 번역 5단계 - Pattern의 순서로 분리

no	S	V	C or O	O or C	P#
1	-Long -as I	remember	the rain clouds of mystery	been coming down pouring -confusion -on the ground	5
2	Good men -through the ages	tried	to find -the sun		3
3	-And I	wonder	3-1		3
3-1	who	will stop	the rain		3
4	I	went down	Virginia	-seeking shelter -from the storm	1
5	(I)	caught up	-in the fable		1
6	I	watched	the tower	(to) grow	5
7	Five year plans -and new deals	wrapped	-in the golden chains		1

8	*(I)*	*heard*	*the singers*	*playing*	5`
9	-How **we**	***cheered***	for more		1
10	-then **The crowd**	***rushed***	-together	-trying -to keep warm	1
11	-Still **the rain**	***kept***	***pouring*** and ***falling***	-on my ears	3

2.11.C. 문장 분석

I watched the tower (to) grow.
(I) Heard the singers playing.

위 각각의 문장은 **5형식**으로 되어 있는 문장이다.
(1) I watched the tower (to) grow.
　　　 의역 -> 나는 타워가 자라는 것을 지켜보았다
　　　 (주어 + 동사 + 목적어 + 목적보어 ;P5 과거)

원래 'to grow'라고 해야 하나 watch 동사 뒤에 목적보어에 'to 부정사'가 오면 'to'를 생략한다. 이와 같이 지각 동사 'see, hear, say' 등이 본동사로 올 때 목적보어 자리에 오는 부정사에서 'to'는 생략한다.
위와 같은 지각동사가 본동사 자리가 아닌 문장의 중간에 오는 경우도 마찬가지이다. 대개 이럴 때는 'to + 부정사', 혹은 동명사, 현재분사 3중의 하나인데 그 뒤에 이 동사를 설명하기 위한 'to +부정사'가 올 때 마찬가지로 'to'를 생략한다.
예를 들면

I want to let you watch your son playing at the ground.
의역 -> 난 너에게 너의 아들이 땅에서 놀고 있는 것을 지켜보라고 시키고 싶다.

위의 문장에서 'let'는 본동사가 아니다. 그래서 'watch'를 원래 'to watch'라고 해야 하지만 'to'를 생략한 것이다.

(2) I heard the singers playing.
　　　 의역 -> 난 가수들이 노래(연주) 중인 것을 들었다.
　　　 (주어 + 동사 + 목적어 + 목적보어 ;P5 과거)

이 문장에서는 목적보어의 자리에 현재분사가 온 것이다. 목적보어의 자리에는 **to 부정사, 현재분사, 명사, 형용사** 어떤 것이든 목적어를 설명하는 단어는 다 올 수가 있다. 심지어는 이 자리에 문장이 올 수도 있다. 이러한 경우를 구태여 이름 붙이자면 '목적보어절'이라고 할 수 있다.

위의 문장과 같이 현재분사가 올 경우 해석을 할 때 현재분사의 느낌을 살려서 '~하는 중인'라고 해석을 하는 것이 보다 정확하다고 할 수 있다.

2.12 Swing low Swing chariot

이 곡은 미국의 흑인영가이다. 1909년 Fisk대학의 Fisk Jubilee 노래그룹에 의해 녹음되어 알려지기 시작하였다. 지금까지 많은 가수들이 각각 다른 타입의 불러서 대중들로부터 특히 기독교인들에게 애창되는 곡이다.
미국 국회도서관에 기록된 영예의 50곡에 선정된 곡이다.
1862년 이 전에 오클라호마 휴고에 있는 지금은 Choctaw County라 불리는 오래된 인디언 지역에 사는 Wallis Willis에 의해 작곡되었다. 그는 근처에 있는 Red River를 보고 영감을 얻어 이 곡을 쓰게 되었다고 하는데 그의 눈에는 이 강이 천국을 가기 위해 천국 바로 앞에 있는 Jordan강처럼 보였다고 한다.
노래의 가사에서 말하는 마차는 포장마차나 사람이 타는 마차를 의미하는 것이 아니라 구약성서에 나오는 예언자 엘리아가 천국에서 마중하러 나올 때 탄 불꽃의 전차를 의미한다.

이 노래 중간 중간에 나타나는 'Coming for to carry me home'은 마치 우리나라의 '쾌지나칭칭나네' 처럼 노래 사이에 추임새를 넣듯 분위기를 살리기 위한 후렴처럼 부르는 가사이다.

흑인영가는 아프리카에서 노예로 팔려 온 흑인들이 교회를 다니면서 배운 찬송가에 그들만의 독특한 리듬과 반음계를 가미한 곡으로 나중에 블루스로 발전하게 된다. 블루스는 12마디의 단순한 노래지만 그들만의 반음계를 사용하는 장조나 단조가 아닌 블루노트라고 하는 독특한 음계가 정착된 노래이다.
흑인들의 애환과 고단한 삶, 상처를 위로하면서 부른 노래이기 때문에 멜로디보다는 가사에 중점을 둔 노래이다. 그래서 12마디의 음악이 계속 반복되면서 가사를 바꾸어 부른다. 심지어는 즉흥적으로 끝없이 반복해서 가사를 만들어 부르기도 한다. 블루스는 연주로 발전되어 재즈가 된다.

2.12.A. 한글 부분

Swing low Swing chariot

낮게 흔들려요, 멋진 마차가요.
Jordan(요단강) 너머를 쳐다보았어요
내가 본 그 무엇이 나를 집에다 데려다 주려고
오고 있어요.
천사의 무리 뒤를 나는 따르면서
나를 집에 데려다 주려고 오고 있어요.

자, 난 가끔 기분이 좋아지고
그리고 가끔은 기분이 나빠지기도 하지요.
그렇지만 난 알아요.
나의 영혼은 지금 천국의 경계선에 있다는 것을
자, 지금 만일 내가 가기 전에 당신이 거기에 도착한다면
내 모든 친구들에게 말해 주세요.
나도 역시 가고 있다고 말이지요.
나를 집에 데려다 주려고 오고 있는 중이에요.
흔들리는 멋진 마차가 말이지요

(*Jordan - 성경에는 요단강이 천국 가까이 경계선에 있다고 쓰여짐)

2.12.A-1 영작 1단계 - 문장 찾기와 여러 개로 구분하기

1	낮게 흔들려요, 멋진 마차가요
2	Jordan 너머를 쳐다보았어요
3	내가 본 무엇
3-0	나를 집에다 데려다 주려고 오고 있어요 천사의 무리 뒤를 나는 따르면서
4	나는 가끔 기분이 좋아지고
4-1	나는 기분이 나빠져요
5	난 알아요
5-1	내 영혼이 천국의 경계선에 있어요
6	내가 거기에 도착한다면
6-1	당신이 거기에 도착하기 전에
6-2	내 모든 친구들에게 말해 주세요
6-3	나도 역시 가고 있다고 말이지요

2.12.A-2 영작 2단계 - 주어, 동사 찾기와 동사의 시제 결정하기

1	낮게 흔들려요, 멋진 마차가요	현재
2	(나는) 쳐다보았어요	과거
3	내가 보았던	과거
3-0	나를 집에다 데려다 주려고 오고 있어요 천사의 무리 뒤를 나는 따르면서	문장 아님
4	나는 입니다	
4-1	나는 입니다	
5	나는 알아요	현재

5-1	내 영혼이 있어요	현재
6	내가 도착한다면	현재
6-1	당신이 도착하기 전에	현재
6-2	(당신은) 말해 주세요	현재
6-3	나도 가고 있다고	현재진행

2.12.A-3 영작 3단계 - 문장의 형식 결정

1	낮게 흔들려요, 멋진 마차가요	P1
2	Jordan 너머를 쳐다보았어요	P3
3	내가 본 무엇	P3
3-0	나를 집에다 데려다 주려고 오고 있어요 천사의 무리 뒤를 나는 따르면서	
4	나는 가끔 기분이 좋아지고	P2
4-	나는 기분이 나빠져요	P2
5	난 알아요	P3
5-1	내 영혼이 천국에 있다는 것	P2
6	내가 거기에 도착한다면	P1
6-1	당신이 거기에 도착하기 전에	P1
6-2	내 모든 친구들에게 말해 주세요	P4
6-3	나도 역시 가고 있다고 말이지요	P1

2.12.A-4 영작 4단계 - 영어의 Pattern 순서로 위치 변경

no	S	V	C or O	O or C	P#
1	-멋진 마차가	흔들려요	-낮게	-오면서 -데려다 주려고 -나를 -집에	1
2	나는	쳐다보았어요	Jordan을		3
3	-무엇 -내가	보았던			3
3-0	-오면서 -위해서 -데려다 주려고 -나를 -집에				
4	-자 나는	이에요	-가끔 기분이 좋아지고		2
4-	-그리고 나는	이에요	-가끔 기분이 나빠지고	-오고 있어요 -위해서 -데려다 주려고 -나를 -집으로	2
5	-그렇지만 난	알아요	5-1		3
5-1	내 영혼이	있어요	천국 가까이		2

6	-자 -지금 -만일 내가	도착하면	거기에		1
6-1	-전에 내가	하기			1
6-2	(당신은)	말해 주세요	내 모든 친구들에게	6-3	4
6-3	나는	가는 중이에요	-나도		1

2.12.B. 영어 부문

Swing low Swing chariot

(refrain) Swing low, sweet chariot
Coming for to carry me home
Swing low, sweet chariot
Coming for to carry me home

I looked over Jordan
What did I see
Coming for to carry me home
A band of angels coming after me
Coming for to carry me home

Well, I am sometimes up
and I am sometimes down.
Coming for to carry me home
But I know my soul is heavenly bound
Coming for to carry me home

Well, now if you get there before I do,
coming for to carry me home,
tell all my friends
that I am coming too.
Coming for to carry me home

(* 읽기 목표 시간 – 35초)

2.12.B-1 번역 1단계 - 문장 구분하기

1	Swing low sweet chariot
	(* Sweet chariot swing low의 도치형 문장)
2	I looked over Jordan
3	What did I see?
4	I am sometimes up
4-1	I am sometimes down
5	I know
5-1	my soul is heavenly bound
6	If you get there
6-1	before I do
6-2	tell all my friends
6-3	I am coming too.

2.12.B-2 번역 2단계 - 주어, 동사 찾기와 동사의 시제 파악

1	Sweet chariot swing	현재
2	I looked over	과거
3	What did I see?	과거
4	I am	현재
4-1	I am	현재
5	I know	현재
5-1	my soul is	현재
6	If you get	현재
6-1	before I do	현재
6-2	(You) tell	현재
6-3	I am coming	현재진행

2.12.B-3 번역 3단계 - 문장의 형식 파악

1	Sweet chariot swing low	P1
2	I looked over Jordan	P3
3	What did I see?	P3
4	I am sometimes up	P2
4-1	I am sometimes down	P2
5	I know	P3
5-1	my soul is heavenly bound	P2
6	If you get there	P1
6-1	before I do	P1
6-2	tell all my friends	P4
6-3	I am coming too.	P1

2.12.B-4 번역 4단계 - 복문장의 경우 문장과 문장간의 관계 파악

4	I am sometimes up	
4-1	I am sometimes down	4번 문장에 이은 추가 설명
5	I know	
5-1	my soul is heavenly bound	5번 문장 know의 목적어 문장
6	If you get there	
6-1	before I do	6번 문장에 대한 시간적 조건
6-2	(you) tell all my friends (6-3)	6번 문장 if 조건에 대한 결과의 문장
6-3	That I am coming too.	6-2 문장 tell의 직접목적어 문장. 'all my friends'에게 말해달라는 내용

2.12.B-5 번역 5단계 - Pattern의 순서로 분리

no	S	V	C or O	O or C	P#
1	-sweet **chariot**	**swing**	low	-coming for -to carry me home	1
2	**I**	**looked over**	**Jordan**		3
3	-What -did **I**	**see**			3
3-0	-coming for -to carry me home -a band of angels coming after me (*3번 문장의 what 질문에 대한 답의 성격) – 추임새처럼 수시로 사용됨				
4	-**Well** **I**	**am**	-sometimes **up**		2
4-1	-and **I**	**am**	-sometimes **down**	- coming for -to carry me home	2
5	-But **I**	**know**	5-1		3
5-1	**my soul**	**is**	-heavenly **bound**		2

6	-Well -now -if **you**	**get**	**there**		1
6-1	-before **I**	**do**	*do는 get을 의미		1
6-2	**(you)**	**tell**	**all my friends**	6-3	4
6-3	-that **I**	**am coming**	-too		1

2.12.C. 영작 부문

Well, now if you get there before I do, coming for to carry me home, tell all my friends that I am coming too.

5 문장으로 구성

(1) Well, now if you get there
　　의역 -> 자, 지금, 여러분이 거기에 도착하게 되면
　　(주어 + 동사 ; P1 현재형)

　　가정법 현재형의 문장으로 가정법 현재의 시제는 우리말에서는 미래에 발생하는 일에 대한 가정을 의미한다. 이 경우 문법적으로는 '가정법미래'라고 한다. 우리말과 시제가 다르기 때문에 가정법은 사실 이해하기가 쉽지 않다. 먼저 시제를 확실히 해 두어야 한다.
　　그렇다면 가정법미래는 무엇인가? 가정법미래는 이루어질 수 없는 일에 대한 가정이다. 예를 들면 '다시 태어난다면'과 같은 표현이다.

　　If I should live again, I will marry you.

　　와 같이 가정법미래는 if 다음에 should나 would로 표현한다. 대부분의 경우는 should가 주로 사용된다. 만일 일반동사가 아닌 'be'동사가 사용되면

　　If I were you

　　에서 볼 수 있듯이 주어와 상관없이 무조건 'were'를 사용한다는 점이 특이하다.

(2) before I do
   직역 -> 내가 하기 전에
   의역 -> 내가 도착하기 전에
   (주어 + 동사 ; P1 현재형)

   여기서 'do'는 'get'을 의미한다. 이처럼 영어는 앞에서 언급한 동사를 반복할 때는 'do'를 사용한다. 대명사가 사용되는 것처럼 동사도 이렇게 사용한다. 대명사나 'do'의 대신 사용은 문장의 속도를 빠르게 하기 위해 발전했을 것이다.

(3) coming for to carry me home
   의역 -> 나를 집으로 데려 가려고 오고 있는 중이네요.
   (주어 + 동사 ; P1 현재진행형)

   이 문장은
   Sweet chariot is coming ... 혹은
   A band of angels are coming...에서 주어가 생략된 것이라고 볼 수 있다.
   노래를 할 때 하나의 추임새처럼 노래 중간 중간에 넣는 것으로
   문장이라고 볼 수도 있고 그냥 하나의 표현이라고 볼 수도 있다.
   여기서는 설명을 위해 문장 사이에 들어있기 때문에 문장으로 간주하였다.

(4) (you) tell all my friends that (5)
   의역 -> 내 모든 친구들에게 이야기 해 주세요 (5)번 문장을
   (주어 + 동사 + 간접목적어 + 직접목적어 ; P4 현재형-명령문)

   4형식의 문장으로 '~에게 ~을 말하다'의 의미로 이럴 때는 항상 '~에게'를 '~을' 앞에 위치하여야 한다. 만일 위치를 바꾸어 '~에게'를 문장 뒤로 보내면 '~에게'의 문장 앞에 전치사 'for', 'to' 등을 넣어 방향성으로 바꾸어야 한다. 이럴

지 되면 4형식이 3형식으로 바뀌게 되는 것이다. 우리말의 입장에서 보면 단순히 위치를 바꾼다고 해서 전치사가 추가로 붙여진다는 것이 이해가 되지 않겠지만 영어에서는 형식(순서)과 위치를 중요하게 여기기 때문이며 순서와 위치가 바뀌면 의미도 달라지고 품사도 달라지므로 매우 중요한 의미를 갖는다.

'that'은 형식적인 'tell'의 직접목적어이고 'that'은 내용은 (5)번 문장이다. 이럴 때 'that'의 역할을 관계대명사라고 한다. 즉 문장과 단어를 연결하는 고리의 역할을 하는 것이다.

(5) I am coming too.
    의역 -> 나도 지금 가는 중이에요.
    (주어 + 동사 ; P1 현재진행형)

    집으로 갈 때 우리말로는 '가는 중이다'라고 하지만 영어에서는 집을 향해서 갈 대는 '오는 중이다'라고 표현하여야 한다.

2.13 Crying in the rain

Howard Greenfield가 작사하고 Carole King이 작곡하여 남성 듀오 Everly Brothers가 1962년 발표한 곡으로 그 해 미국 팝차트 6위까지 올랐던 곡이다. 폴란드 출신 가수 Tammy Wynette도 이 노래를 불렀는데 여성임에도 불구하고 Everly Brothers가 부드럽게 부른 곡에 비해 힘이 넘치고 강력한 창법으로 슬픔을 열창으로 표현하여 원곡보다 더 많이 알려져 있다.
Everly Brothers는 이 곡 외에도 우리에게 알려진 히트곡들이 많이 있다. 'Bye Bye Love', 'Unchained Melody', 'Let it be me', 'Ebony Eyes' 등이 이들의 곡이며 주옥 같은 멜로디와 서정적인 가사 그리고 부드럽고 발라드한 스타일로 우리나라에도 많은 팬 특히 여성팬을 확보하고 있다. 두 남자가 기타를 치며 화음을 넣어서 부르는 스타일로 인해 이들을 따라서 하는 듀오가 많이 탄생되기도 하였다.

이 노래는 이별의 아픔을 여자에게 감추기 위해 빗속을 걷겠다는 매우 감성적이고 시적인 표현 때문에 더욱 노래의 멜로디가 강조되는 음악이다. 아주 느린 4 beat의 발라드풍의 멜로디가 무척 아름답고 뚜렷하며 자연스럽게 진행하는 곡의 흐름 때문에 누구라도 쉽게 따라 부를 수 있는 좋은 곡이다. 부드럽게 불러도 좋고 약간 템포를 느리게 하여 열창을 하여도 노래의 맛을 살릴 수 있다.
Rock & Roll이 꽃을 피우던 시절 많은 청춘 남녀들이 댄스를 추며 열광하다 부드러운 이 노래에 맞추어 쌍쌍이 블루스를 추는 모습을 영화에서 볼 수 있다. 흑인들이 리듬앤 블루스를 창조하며 Rock & Roll의 시대를 열 때 거의 양복을 입고 기타를 치며 점잖게 부르는 백인 듀오의 모습은 당시의 시대상을 엿볼 수 있는 멋진 음악적 풍경이다.

2.13.A. 한글 부분

Crying in the rain

난 절대로 상처 난 내 마음이 나를 아프게 하고 있는 것을
네가 보게 하지 않을 거야.
난 나의 자긍심을 갖게 되었고
모든 나의 슬픔과 아픔을 어떻게 숨겨야 하는지 알아.
난 빗 속에서 우는 걸 할거야.
내가 구름 낀 하늘을 기다린다면
넌 내 눈 속에서 오는 눈물의 비를 모르게 될 거야
가슴 아픔들이 남아있지만 내가 아직도
널 무척 사랑한다는 걸 넌 결코 모를 거야
난 빗 속에서 우는 걸 할 거야

천국에서 떨어지는 빗방울들은
결코 나의 불행을 씻어줄 수 없을 거야
우리가 함께 있지 않았으니
이 눈물들을 숨기기 위해
난 폭풍 치는 날씨를 기다려
난 네가 절대 보지 않길 바래.
언젠가 내가 다 울고 나면
난 미소를 머금고 태양아래서 걸을 거야.
내가 바보일지 모르지만
여전히 그 때도 내 사랑인 넌
내가 불평하는 걸 결코 보지 못 할 거야.

2.13.A-1 영작 1단계 – 문장 찾기와 여러 개로 구분하기

1	나는 절대 네가 보게 하지 않을 거야
1-1	상처 난 내 마음이 나를 아프게 하고 있는 것을
2	나는 자긍심을 갖게 되었고
2-1	모든 나의 슬픔과 아픔을 어떻게 숨겨야 하는지 알아
3	나는 우는 것을 할 거야
4	내가 구름 낀 하늘을 기다린다면
4-1	넌 눈물의 비를 모르게 될 거야
5	너는 결코 모를 거야
5-1	내가 널 무척 사랑한다는 걸
5-2	가슴 아픔들이 남아있지만
6	빗방울들은 결코 나의 불행을 씻어줄 수 없을 거야
7	우리는 함께 있지 않으니
7-1	나는 폭풍 치는 날씨를 기다려
8	나는 바래
8-1	네가 절대 보지 않기를
9	나의 울음이 끝났을 때
9-1	나는 웃고 걷게 될 거야
10	나는 바보일지도 몰라
11	넌 결코 내가 불평하는 걸 보지 못할 거야

2.13.A-2 영작 2단계 - 주어, 동사 찾기와 동사의 시제 결정하기

1	나는 하게 하지 않을 거야	미래
1-1	상처 난 내 마음이 나를 아프게 하고 있는 것을	현재진행
2	나는 갖게 되었고	현재완료
2-1	나는 알아	현재
3	나는 할 거야	미래
4	내가 기다린다면	현재
4-1	넌 모르게 될 거야	미래
5	너는 결코 모를 거야	미래
5-1	내가 사랑한다는 걸	현재
5-2	가슴 아픔들이 남아있지만	현재
6	빗방울들은 씻어줄 수 없을 거야	과거
7	우리는 있지 않으니	현재
7-1	나는 기다려(기대해)	현재
8	나는 바래	현재
8-1	네가 절대 보지 않기를	미래
9	나의 울음이 끝났을 때	현재
9-1	나는 ~하게 될 거야	미래
10	나는 ~일지도 몰라	현재
11	넌 보지 못할 거야	미래

2.13.A-3 영작 3단계 - 문장의 형식 결정

1	나는 절대 네가 보게 하지 않을 거야	P5
1-1	상처 난 내 마음이 나를 아프게 하고 있는 것을	P3
2	나는 자긍심을 갖게 되었고	P3
2-1	모든 나의 슬픔과 아픔을 어떻게 숨겨야 하는지 알아	P3
3	나는 우는 것을 할 거야	P3
4	내가 구름 낀 하늘을 기다린다면	P3
4-1	넌 눈물의 비를 모르게 될 거야	P3
5	너는 결코 모를 거야	P3
5-1	내가 널 무척 사랑한다는 걸	P3
5-2	가슴 아픔들이 남아있지만	P1
6	빗방울들은 결코 나의 불행을 씻어줄 수 없을 거야	P3
7	우리는 함께 있지 않으니	P1
7-1	나는 폭풍 치는 날씨를 기다려	P3
8	나는 바래	P3
8-1	네가 절대 보지 않기를	P3
9	나의 울음이 끝났을 때	P1
9-1	나는 웃고 걷게 될 거야 (* be going to ~를 사용하였음)	P1
10	나는 바보일지도 몰라	P2
11	넌 결코 내가 불평하는 걸 보지 못할 거야	P5

2.13.A-4. 영작 4단계 - 영어의 Pattern 순서로 위치 변경

no	S	V	C or O	O or C	P#
1	나는	결코 하게 하지 않을 거야	네가	보게 -그 길(1-1)을	5
1-1	상처 난 내 마음이	아프게 하고 있는	나를		3
2	나는	갖게 되었어	자긍심을		3
2-1	-그리고 나는	알아	어떻게 감추는 지	-나의 모든 슬픔을 -그리고 -아픔을	3
3	나는	할 거야	우는 것을	-빗 속에서	3
4	-만일 내가	기다린다면	구름 낀 하늘을		3
4-1	너는	모르게 될 거야	그 비를	-눈물로 오는 -내 눈 속에서	3
5	너는	결코 모를 거야	그 것을(5-1)		3
5-1	내가	-아직도 사랑하는	너를	-많이	3
5-2	-비록 가슴 아픔들이	남아있지만			1
6	빗방울들은 -떨어지고 있는 -하늘에서	결코 씻어 줄 수 없을 거야	나의 불행을		3

7	-그러나 -이 후 우리가	있지 않은	-함께		1
7-1	나는	기다려	폭풍 치는 날씨를	-감추기 위해 -이 눈물들을	3
8	나는	바래	8-1		3
8-1	네가	결코 보지 않기를			3
9	-언젠가 -때 내 울음이	울고 나면			1
9-1	난	하려고 해	짓는 것을 그리고 걷는 것을	-미소를 -태양 아래서	3
10	내가	일지도 몰라	바보	-그러나 -여전히 -그 땐 -사랑하는 이여	2
11	넌	결코 보지 못할 거야	내가	불평하는 것을	5

2.13.B. 영어 부문

Crying in the rain

I'll never let you see the way
my broken heart is hurting me
I've got my pride and I know how to hide
all my sorrow and pain
I'll do my crying in the rain

If I wait for cloudy skies
you won't know the rain from the tears in my eyes
You'll never know that I still love you so
though the heartaches remain
I'll do my crying in the rain

Raindrops falling from heaven
could never wash away my misery
But since we're not together
I look for stormy weather to hide these tears
I hope you will never see

Someday when my crying is done
I'm gonna wear a smile and walk in the sun
I may be a fool but till then, darling
You'll never see me complain
I'll do my crying in the rain

(* 읽기 목표 시간 – 45초)

2.13.B-1 번역 1단계 - 문장 구분하기

1	I will never let you see
1-1	my broken heart is hurting me
2	I have got my pride
2-1	I know how to hide
3	I will do my crying
4	If I wait for cloudy skies
4-1	you won't know the rain
5	You will never know that
5-1	I still love you
5-2	though the heartaches remain
6	Raindrops falling from heaven could never wash away my misery
7	But since we are not together
7-1	I look for stormy weather
8	I hope
8-1	you will never see
9	Someday when my crying is done
9-1	I am going
10	I may be a fool
11	You will never see me complain

2.13.B-2 번역 2단계 - 주어, 동사 찾기와 동사의 시제 파악

1	I will never	미래
1-1	my broken heart is hurting	현재진행
2	I have got	현재완료

2-1	I know	현재
3	I will do	미래
4	If I wait for	현재
4-1	you won't know	미래
5	You will never know	미래
5-1	I still love	현재
5-2	though the heartaches remain	현재
6	Raindrops falling from heaven could never wash away	과거
7	But since we are not	현재
7-1	I look for	현재
8	I hope	현재
8-1	you will never see	미래
9	Someday when my crying is done	현재
9-1	I am going	현재진행
10	I may be	현재
11	You will never see	미래

2.13.B-3 번역 3단계 - 문장의 형식 파악

1	I will never let you see	P5
1-1	my broken heart is hurting me	P3
2	I have got my pride	P3
2-1	I know how to hide	P3
3	I will do my crying	P3
4	If I wait for cloudy skies	P3
4-1	you won't know the rain	P3
5	You will never know that	P3

5-1	I still love you	P3
5-2	though the heartaches remain	P1
6	Raindrops falling from heaven could never wash away my misery	P3
7	But since we are not together	P1
7-1	I look for stormy weather	P3
8	I hope	P3
8-1	you will never see (these tears)	P3
9	Someday when my crying is done	P1
9-1	I am going	P1
10	I may be a fool	P2
11	You will never see me complain	P5

2.13.B-4 번역 4단계 - 복문장의 경우 문장과 문장간의 관계 파악

1	I will never let you see the way	
1-1	my broken heart is hurting me	1번 문장 the way에 대한 설명
2	I've got my pride	
2-1	and I know how to hide all my sorrow and pain	2번 문장에 이은 또 하나의 상황을 설명하는 문장
4	If I wait for cloudy skies	
4-1	you won't know the rain	4번 문장 조건에 대한 설명
5	You will never know that	
5-1	I still love	5번 know 동사의 목적어(목적절) 여기서 'that'은 관계대명사

5-2	though the heartaches remain	5-1문장에 대한 어떤 조건이나 상황에 대한 설명 문장
7	But since we are not together	
7-1	I look for stormy weather	7번 문장의 조건 이후에 대한 설명
8	I hope	
8-1	you will never see (these tears)	8번 문장 hope의 목적어(목적절)
9	Someday when my crying is done	
9-1	I am going to wear a smile	9번 조건에 대한 설명의 문장. 이럴 때 'when'은 가정법과 가까운 조건이 된다.

2.13.B-5 번역 5단계 - Pattern의 순서로 분리

no	S	V	C or O	O or C	P#
1	I	will never let	you	see -the way(1-1)	5
1-1	my broken heart	is hurting	me		3
2	I	have got	my pride		3
2-1	-and I	know	how to hide	-all my sorrow -and -pain	3
3	I	will do	my crying	-in the rain	3
4	-If I	wait for	cloudy skies		3
4-1	you	won't know	the rain	-from the tears -in my eyes	3
5	You	will never know	that (5-1)		3
5-1	I	-still love	you	so	3
5-2	-though the heartaches	remain			1
6	Raindrops -falling from -heaven	could never wash away	my misery		3

7	-But -since **we**	**are not**	together		2
7-1	**I**	**look for**	**stormy weather**	-to hide -these tears	3
8	**I**	**hope**	**8-1**		3
8-1	**you**	**will never see**	**(these tears)**	(*7-1문장의 these tears를 의미)	3
9	-Someday -when **my crying**	**is done**			1
9-1	**I**	**am going**	to wear -and (to) walk	-smile in the sun	1
10	**I**	**may be**	**a fool**	-but -till -then -darling	2
11	**You**	**will never see**	**me**	**complain**	5

2.13.C. 문장 분석

You'll never know that I still love you so
 though the heartaches remain.

3문장으로 구성

(1) You'll never know that
    의역 -> 당신은 결코 that을 모를게 될 거에요.
    (주어 + 동사 + 목적어that ; P3 미래)

    목적어 자리에 관계대명사 'that'이 왔고 that은 (2)번 문장을 의미한다.
    이렇게 대부분의 관계대명사가 의미하는 단어는 바로 앞에 위치한 단어이다.
    문법적으로는 이러한 단어를 관계대명사의 '선행사'라고 한다.
    선행사가 목적어이고 관계대명사가 'that'일 경우 'that'을 생략하여도 무방하다.

(2) I still love you so
    의역 -> 난 아직도 당신을 그렇게 사랑해요
    (주어 + 동사 + 목적어 ; P3 현재)

    은 'that'을 의미하고 결국 (1)문장 'know'의 목적어인 것이다.
    단어가 아니고 문장이므로 'know'의 목적절이 된다.
    이렇게 타동사는 항상 목적어를 필요로 하게 된다. 이 것은 우리말도 마찬가지이다. 타동사 자체가 목적어가 없으면 말이 되지 않는다. 문장의 구성을 할 수 없다는 것과 마찬가지이다.

(3) though the heartaches remain
　　의역 -> 비록 아픈 마음들이 남겨져 있지만
　　(주어 + 동사 ; P1 현재)

이 문장은 (2)번 문장에 대한 어떤 조건을 설명하는 것으로 이렇게 영어에서는 복문장일 경우 중요한 문장이 앞에 오고 그 뒤에 그에 대한 설명의 문장이 온다. 우리말과는 완전 반대의 위치라고 볼 수 있다.

이러한 경우를 '복문장의 **Do-While**형'이라고 한다. 이 명칭은 필자가 주장하는 것으로 필자의 저서 '복문장 영작의 모든 것'에 7가지 복문장 형태에 대하여 명칭을 붙여 놓았다.

2.14 Mr. Lonely

1962년 Bobby Vinton이 직접 작곡하여 부른 이 싱글은 그 이듬해 빌보드 1위에 오르며 대단한 히트를 기록하게 된다. 경이로운 것은 이 곡과 함께 다른 2곡도 차례로 모두 1위에 오른 기염을 토하게 된다. 뿐만 아니라 그 해부터 1980년까지 자신의 노래가 43차례나 빌보드 차트에 오르게 되는 대 기록을 세우게 되는데 그야말로 주옥 같은 멜로디로 전 세계의 팬들로부터 사랑을 받는 뮤지션이 된 것이다. 우리나라에도 많은 팬이 있다.

15살 때부터 밴드를 조직하여 노래를 했으며 대학에 진학해서도 음악공부를 할 만큼 체계적인 음악적 배경과 천부적인 소질 그리고 오랫동안의 연주생활이 그를 천부적인 음악으로 만든 것이다. 특히 아름다운 멜로디와 서정적인 가사, 사랑을 풀어나가는 가사의 내용 때문에 Love Singer라는 별명도 얻게 된다. 1981년 방한해서 콘서트를 한 적도 있다.

이 노래는 베트남 전쟁에 참가한 젊은이가 고향과 애인을 그리워하는 마음을 잘 표현한 곡으로 이 곡 때문에 베트남 전쟁의 상황이 전 세계에 다시 알려진다. 영화 Growing up에 삽입되어 우리나라에서도 상영된 적이 있다. 1960년대를 배경으로 사춘기 고등학생들의 우정과 사랑 그리고 갈등을 매우 잘 표현한 뮤지컬 영화로 음악과 이 노래가 너무나 잘 어울리는 멋진 영화이다. 이 노래의 리듬은 Slow Rock으로 우리나라 사람들이 가장 좋아하는 리듬이다. 발라드 곡의 거의 절반이 이 리듬으로 되어 있으며 소위 블루스를 추기에도 좋은 곡이다. 대표적인 Slow Rock리듬이 노사연의 '만남'이며 이문세 노래의 대부분이 이 리듬이다. 기타로 연주하기에도 좋고 기타를 치면서 노래를 부르기에도 좋다. 흔히 '뜯는다'의 표현이 바로 이 곡의 리듬이다.

2.14.A. 한글 부분

Mr. Lonely

외로워요, 내 이름은 Lonely에요.
나에겐 아무도 없어요 나 자신을 위해서는
난 엄청 외로워요,
내 이름은 Lonely랍니다.
전화 통화 할 누군가가
있었으면 좋겠어요.

지금 나는 군인이에요,
외로운 군인이지요.
내 자신의 바람과 상관없이
집에서 멀리 떨어져 있어요
그게 내가 외로운 이유에요,
내 이름은 Lonely죠.
난 집으로 돌아 갈 수 있으면 좋겠어요.

편지들, 결코 한 통도 없어요.
우편함에 내 편지는 한 통도 없어요.
난 잊혀졌어요,
그래요, 잊혀졌어요.
아, 참 걱정스러워요
어째서 내가 이렇게 실패했는지요?

2.14.A-1 영작 1단계 - 문장 찾기와 여러 개로 구분하기

1	내 이름은 Lonely에요
2	난 아무도 없어요
3	나는 엄청 외로워요
4	나는 좋겠어요
4-1	내게 누군가가 있었으면
5	나는 군인이에요
6	그것이 그래요
6-1	내가 외로운 이유에요
7	난 좋겠어요
7-1	집으로 돌아갈 수 있으면
8	편지 한 통도 없네요
9	난 잊혀졌어요
10	난 얼마나 걱정이 되는지
11	어떻게 이런지
12	나는 실패했어요

2.14.A-2 영작 2단계 - 주어, 동사 찾기와 동사의 시제 결정하기

1	내 이름은 에요	현재
2	난 없어요	현재
3	나는 ~해요	현재
4	나는 좋겠어요	현재
4-1	내게 있었으면	과거
5	나는 ~에요	현재

6	그건 그래요	현재
6-1	내가 ~ 이유에요	현재
7	난 좋겠어요	현재
7-1	돌아갈 수 있으면	과거
8	가졌어요(편지 한 통도 없는 것을)	현재
9	난 잊혀졌어요	현재완료
10	난 얼마나 걱정이 되는지	현재
11	어떻게 이런지	현재
12	나는 실패했어요	과거

2.14.A-3 영작 3단계 – 문장의 형식 결정

1	내 이름은 Lonely에요	P2
2	난 아무도 없어요	P3
3	나는 엄청 외로워요	P2
4	나는 좋겠어요	P3
4-1	내게 누군가가 있었으면	P3
5	나는 군인이에요	P2
6	그건 그래요	P2
6-1	내가 외로운 이유에요	P2
7	난 좋겠어요	P3
7-1	집으로 돌아갈 수 있으면	P1
8	편지 한 통도 없네요	P3
9	난 잊혀졌어요	P1
10	난 얼마나 걱정이 되는지	P1

11	어떻게 이런지	P2
12	나는 실패했어요	P1

2.14.A-4   영작 4단계 - 영어의 Pattern 순서로 위치 변경

no	S	V	C or O	O or C	P#
1	-외로워요 나는	이에요	Lonely		2
2	나는	가졌어요	아무도 없음을	-내 자신을 위해	3
3	나는	이에요	-엄청 외로워요		2
4	나는	좋겠어요	4-1		3
4-1	내가	있었으면	누군가가	-통화할 -전화로	3
5	나는	이에요	군인	-멀리 집서 떨어진 -없어진 -내 자신의 바램	2
6	그건	~이에요	6-1		2
6-1	-이유에요 내가	~하기	외로운		2
7	나는	좋겠어요	7-1		3

7-1	내가	돌아갈 수 있었으면	집으로		3
8	-편지들 -결코 없는 나는	가져요	한 통도 없는 편지들을	-우편함에	3

2.14.B. 영어 부문

Mr. Lonely

Lonely, I'm Mr. Lonely,
I have nobody for my own.
I'm so lonely, I'm Mr. Lonely,
Wish I had someone to call on the phone.

I'm a soldier, a lonely soldier,
away from home through no wish of my own.
That's why I'm lonely, I'm Mr. Lonely,
I wish that I could go back home.

Letters, never a letter,
I get no letters in the mail.
I've been forgotten, yeah, forgotten,
Oh how I wonder
How is it?
I failed.

Now I'm a soldier, a lonely soldier,
away from home through no wish of my own.
That's why I'm lonely, I'm Mr. Lonely,
I wish that I could go back home

(* 읽기 목표 시간 – 40초)

2.14.B-1 번역 1단계 - 문장 구분하기

1	I am Mr. Lonely
2	I have nobody
3	I am so lonely
4	(I) wish
4-1	I had someone
5	I am a soldier
6	That is (6-1)
6-1	why I am lonely
7	I wish that(7-1)
7-1	I could go back
8	I get no letters
9	I've been forgotten
10	How I wonder
11	How is it?
12	I failed

2.14.B-2 번역 2단계 - 주어, 동사 찾기와 동사의 시제 파악

1	I am	현재
2	I have	현재
3	I am	현재
4	(I) wish	현재
4-1	I had	과거
5	I am	현재
6	That is	현재
6-1	why I am	현재
7	I wish	현재

7-1	I could go back	과거
8	I get	현재
9	I've been forgotten	현재완료
10	How I wonder	현재
11	How is it?	현재
12	I failed	과거

2.14.B-3 번역 3단계 - 문장의 형식 파악

1	I am Mr. Lonely	P2
2	I have nobody	P3
3	I am so lonely	P2
4	(I) wish	P3
4-1	I had someone	P3
5	I am a soldier	P2
6	That is (6-1)	P2
6-1	why I am lonely	P2
7	I wish that(7-1)	P3
7-1	I could go back	P1
8	I get no letters	P3
9	I've been forgotten	P1
10	How I wonder	P1
11	How is it?	P2
12	I failed	P1

2.14.B-4 번역 4단계 - 복문장의 경우 문장과 문장간의 관계 파악

4	I wish	
4-1	I had someone to call on the phone	4번 문장 wish의 목적어(목적절) 문장으로 wish의 목적절에 나오는 문장은 항상 과거 시제를 사용한다
6	That is	
6-1	why I am lonely	6번 문장의 보어(보어절)이며 2형식에서 보어는 주어를 설명하는 말이라는 의미이다. 정확히 말하면 주격보어절이라고 할 수 있다.
7	I wish that(7-1)	
7-1	I could go back home	7번 문장 wish의 목적절

2.14.B-5 번역 5단계 - Pattern의 순서로 분리

no	S	V	C or O	O or C	P#
1	-Lonely I	am	Mr. Lonely		2
2	I	have	nobody	-for my own	3
3	I	am	so lonely		2
4	(I)	wish	4-1		3
4-1	I	had	someone	-to call -on the phone	3
5	I	am	a soldier	-away from home -through -no wish of my own	2
6	That	is	(6-1)		2
6-1	-why I	am	lonely		2
7	I	wish	that(7-1)		3
7-1	I	could go back	home		1
8	-Letters -never a letter I	get	no letters	-in the mail	3

9	*I*	*have been forgotten*			1
10	*-Oh, how I*	*wonder*			1
11	*-How it*	*is*			2
12	*I*	*failed*			1

2.14.C. 문장 분석

I wish that I could go back home.

2문장으로 구성

  (1) I wish that
  의역 -> 나는 that을 바랍니다.
  (주어 + 동사 + 목적어that ; P3 현재)

목적어 자리에 관계대명사 'that'이 왔고 that은 (2)번 문장을 의미한다. 'wish 다음에는 항상 절이 와야 한다'라고 일부 문법책에 언급되어 있는데 사실은 꼭 그렇지는 않다. 5형식처럼 사용하는 경우도 많이 있다.
예를 들면

I wish you the best.
난 네가 최고가 되기를 바래

  (2) I could go back home
  의역 -> 난 집으로 돌아갈 수 있었기를
  (주어 + 동사 ; P1 현재)

3형식에서 목적어는 'that'을 의미하고 결국 (1)문장 'wish'의 목적어인 것이다. 단어가 아니고 문장이므로 'wish'의 목적절이 된다. 이 때 wish의 목적절로 사용된 문장은 과거의 시제를 사용한다. 일종의 '가정법'이라고 할 수 있는데 아마 이미 과거에 그렇게 된 상태를 바라는 마음이 더 강하기 때문에 그러한 시제를 사용하는 것 같다.

한국어에서는 이렇게 사용하지 않기 때문에 이 부분의 이해가 무척 어렵다. 그래서 보통 문법에서는 '가정법 과거는 현재 사실의 반대'라는 말을 사용하는 것이다. 우리와 다른 시제를 사용하는 부분은 공부를 할 때 가장 혼동을 주는 부분이다. 이해하기가 어렵기 때문에 앞으로 팝송을 공부할 때 혹은 영어책을 공부할 때 '이러한 상황에서 이러한 시제를 사용하는 구나'라고 상황별로 이해하는 것이 더 좋다.

2.15 Wayfaring Stranger

이 노래는 구전으로 전해오는 미국의 민요이다. 사실 미국의 원주민은
인디언이고 나중에 유럽에서 서양인들이 이주해 오면서
아프리카의 흑인들이 노예로 팔려와 여러 민족이 사는 연합국가이기 때문에
미국의 민요라고 하는 정의를 내리기는 무척 힘들다.
유럽의 이주민들이 서부를 개척하면서 노예를 하던 흑인들과 서양인들이
같이 부르던 노래라고 할 수 있겠다. 간혹 인디언들의 음악이
영향을 주었으리라 생각한다.
그러다 보니까 이 노래를 부른 가수들이 굉장히 많다. 각각의 가수들은
자기가 가사를 약간씩 다르게 불렀기 때문에 정확한 이 노래의 가사를 알 수 없다.
Wayfaring Stranger 이 노래 제목도 가수에 따라 A poor wayfaring stranger라고
하기도 한다. 우리나라에 가장 잘려진 노래의 버전은
Emmylou Harris라는 컨트리가수의 노래이다.
노래의 성향은 매우 흑인영가의 느낌도 있고 컨트리적인 요소도
많이 들어있다. Emmylou Harris가 부른 이 노래는 완전 컨트리 버전이다.
이 노래는 후렴 부분이 내지르면서 마음껏 불러야 노래의 맛이 날 정도로
어떻게 보면 우리나라의 가요와도 유사한 점이 많다.
비교적 슬프고 느린 템포, 그리고 방랑자의 고단한 삶을
이야기하는 가사와 단촐한 편곡 등이 우리나라 사람들의 취향과 어울린다.
그럼에도 불구하고 우리나라에는 그다지 많이 알려진 편은 아니다.
번안해서 부른 가수도 없고 연주를 하는 그룹이 있는 것도 아니다.
이상하리만큼 우리나라에서는 컨트리음악이 잘 받아들여지지 않는
경향이 있는 것 같다. 일부 가수나 그룹이 컨트리 풍의 노래를 작곡해서
부르기도 하고 미국의 음악을 직접 부르기도 했지만 컨트리음악이
우리나라에 애창되면서 정착하지는 못한 것 같다.
70년 중반 '김홍철과 친구들'이 정통 컨트리를 연주한 유일한 그룹이다.

2.15.A. 한글 부분

Wayfaring Stranger

나는 가난한 방황하는 방랑자입니다.
이 세상 아래 모든 곳을 여행하는 동안은 말이지요
그렇지만 병도 없고 고통도 없고 위험도 없어요.
내가 가는 저 환한 땅 안에서는 말이지요.

(후렴)
나는 지금 우리 아버지를 만나기 위해
그곳으로 가고 있는 중입니다.
더 이상의 방황은 없는 그 곳으로 가고 있는 중입니다.
Jordan 너머에 오로지 그곳으로만 가는 중입니다.
우리 집 너머에 있는 그 곳으로만 가는 중입니다.

전 알아요.
어두운 구름들이 내 주위로 몰려들 거라는 것을
전 알아요
나의 길이 험하고 가파르다는 것을
그렇지만 내 앞에 금방 아름다운 평원이 펼쳐집니다.
하나님이 그들의 기도로 흘린 눈물을
구원하였던 곳 말이지요.

2.15.A-1 영작 1단계 - 문장 찾기와 여러 개로 구분하기

1	나는 가난한 방황하는 방랑자입니다
1-1	내가 여행을 하는 동안은요
2	병도 없고 고통도 없고 위험도 없어요
2-1	내가 가는 곳에서는요
3	나는 가는 중입니다
3-1	나는 가는 중입니다
4	나는 오로지 가는 중입니다
4-1	나는 오로지 가는 중입니다
5	전 알아요
5-1	어두운 구름들이 몰려들 거라는
6	전 알아요
6-1	나의 길이 험하고 가파르다는
7	아름다운 평원이 펼쳐집니다
7-1	하나님이 그들의 기도로 흘린 눈물을 구원하였던

2.15.A-2 영작 2단계 - 주어, 동사 찾기와 동사의 시제 결정하기

1	나는 방랑자입니다	현재
1-1	나는 여행을 하는	현재진행
2	없어요	현재
2-1	내가 가는	현재
3	나는 가는 중입니다	현재진행
3-1	나는 가는 중입니다	현재진행
4	나는 가는 중입니다	현재진행
4-1	나는 가는 중입니다	현재진행

5	전 알아요	현재
5-1	어두운 구름들이 몰려들 거라는	미래
6	전 알아요	현재
6-1	나의 길이 ~에요	현재
7	아름다운 평원이 펼쳐집니다	현재
7-1	하나님이 구원하였던	과거

2.15.A-3 영작 3단계 - 문장의 형식 결정

1	나는 가난한 방황하는 방랑자입니다	P2
1-1	나는 여행을 하는 동안은요	P1
2	병도 없고 고통도 없고 위험도 없어요	P2
2-1	내가 가는 곳에서는요	P1
3	나는 가는 중입니다	P1
3-1	나는 가는 중입니다	P1
4	나는 오로지 가는 중입니다	P1
4-1	나는 오로지 가는 중입니다	P1
5	전 알아요	P3
5-1	어두운 구름들이 몰려들 거라는	P1
6	전 알아요	P3
6-1	나의 길이 힘하고 가파르다는	P2
7	아름다운 평원이 펼쳐집니다	P1
7-1	하나님이 그들의 기도로 흘린 눈물을 구원하였던	P5

2.1.15.A-4 영작 4단계 - 영어의 Pattern 순서로 위치 변경

no	S	V	C or O	O or C	P#
1	나는	입니다	가난한 방황하는 방랑자		2
1-1	-동안 내가	여행을 하는 동안	-이 세상의 아래 모든 곳		1
2	-그렇지만 가인칭	있어요	아닌 병이 고통이 위험이	-저 환한 땅 안에 서는	2
2-1	-곳에 내가	가는			1
3	나는	가는 중입니다	-그리로	-보기 위해 -우리 아버지를	1
3-1	나는	가는 중입니다	-그리로	-더 이상 없는 -방황하는	1
4	나는	-오로지 가는 중입니다	-Jordan 너머		1
4-1	나는	-오로지 가는 중입니다	집으로		1
5	나는	알아요	5-1		3
5-1	어두운 구름들이	주위에 몰려들 거에요	-나의		1
6	난	알아요	6-1		3

6-1	나의 길이	이에요	험하고 -그리고 가파르고		2
7	-그렇지만 아름다운 평원이	펼쳐집니다	-금방	-내 앞에	1
7-1	-곳에 하나님의	구원하셨던	그들의 기도들이	눈물을 흘리게	5

2.15.B. 영어 부문

Wayfaring Stranger

I am a poor wayfaring stranger
while travelling through this world below
Yet there is no sickness, toil or danger
in that bright land to which I go

(refrain) I'm going there to see my father
I'm going there no more to roam
I am only going over Jordan
I am only going over home

I know dark clouds will gather round me
I know my way is hard and steep
But beauteous fields arise just before me
where God's redeemed their vigils weep

(* 읽기 목표 시간 – 30초)

2.15.B-1 번역 1단계 - 문장 구분하기

1	I am a poor wayfaring stranger
1-1	while traveling
2	Yet there is no sickness, toil or danger
2-1	to which I go
3	I am going
4	I am only going over
5	I know
5-1	dark clouds will gather
6	I know
6-1	my way is hard and steep
7	But beauteous fields arise
7-1	where God's redeemed their vigils weep

2.15.B-2 번역 2단계 - 주어, 동사 찾기와 동사의 시제 파악

1	I am	현재
1-1	while (I am) traveling	현재진행
2	Yet there is	현재
2-1	to which I go	현재
3	I am going	현재진행
4	I am only going over	현재진행
5	I know	현재
5-1	dark clouds will gather	미래
6	I know	현재
6-1	my way is	현재

7	But beauteous fields arise	현재
7-1	where God's redeemed their vigils weep	과거

2.15.B-3 번역 3단계 - 문장의 형식 파악

1	I am a poor wayfaring stranger	P2
1-1	while traveling	P1
2	Yet there is no sickness, toil or danger	P2
2-1	to which I go	P1
3	I am going	P1
4	I am only going over	P1
5	I know	P3
5-1	dark clouds will gather	P1
6	I know	P3
6-1	my way is hard and steep	P2
7	But beauteous fields arise	P1
7-1	where God's redeemed their vigils weep	P5

2.15.B-4 번역 4단계 - 복문장의 경우 문장과 문장간의 관계 파악

1	I am a poor wayfaring stranger	
1-1	while (I am) traveling	1번 문장에 대한 시간적 흐름에 대한 조건을 설명
2	Yet there is no sickness, toil or danger	

2-1	(to) which I go *which I go to하거나 to which I go하거나 둘 중의 하나를 사용할 수 있다.	2번 문장의 내용이 있는 장소를 설명
5	I know	
5-1	dark clouds will gather	5번 문장 know의 목적절
6	I know	
6-1	my way is hard and steep	6번 문장 know의 목적절
7	But beauteous fields arise	
7-1	where God's redeemed their vigils weep	7번 문장의 내용이 발생하는 장소에 대한 설명

2.15.B-4 번역 5단계 - Pattern의 순서로 분리

no	S	V	C or O	O or C	P#
1	I	am	a poor wayfaring stranger		2
1-1	-while (I)	(am) traveling	-through this world below		1
2	-Yet there	is	no sickness toil or danger	-in that bright land -to(2-1)	2
2-1	-which I	go			1
3	I	am going	-there	-to see -my father	1
3-1	I	am going	-there	-no more -to roam	1
4	I	am only going over	Jordan		1
4-1	I	am only going over	home		1
5	I	know	5-1		3
5-1	dark clouds	will gather round	-me		1

6	*I*	*know*	*6-1*		3
6-1	*my way*	*is*	*hard and steep*		2
7	*-But beauteous fields*	*arise*	-just	-before me	1
7-1	-where *God's*	*redeemed*	*their vigils*	*weep*	5

2.16.C. 문장 분석

I am a poor wayfaring stranger while traveling through this world below

2문장으로 구성

(1)　I am a poor wayfaring stranger
　　　의역 -> 나는 가난한 방황하고 있는 이방인입니다.
　　　(주어 + 동사 + 보어 ; P2 현재)

　　명사를 꾸미는 형용사, 현재분사가 있을 때 순서는 강조하는 순이다. 여기서는 'poor'가 'wayfaring'보다 더 강조하기 위해 앞에 사용한 것이다.
　　물론 'wayfaring'을 강조하고 싶다면 I am a wayfaring poor stranger 라고 해도 된다.

(2)　while traveling through this world below.
　　　의역 -> 이 아래의 세상을 가로질러 여행하는 동안
　　　(주어 + 동사 ; P1 현재진행)

　　원래는 'while'은 접속사이므로 항상 그 다음에는 '주어 + 동사'가 존재하는 문장(절)이 와야 한다. 그러나 앞의 문장과 주어가 동일하고 시제가 동일할 때는 종종 주어와 시제를 결정하는 'be'동사가 생략된다. 이와 비슷한 단어가 'during'인데 우리말로는 둘 다 '~동안'이지만 'during'은 접속사가 아니라 부사이기 때문에 그 뒤에 문장이 오지 않고 '부사구'가 온다. 그러나 현대 영어에서 워낙 'while' 다음에 '주어 + be동사'를 생략하다 보니까 during' 비슷하게 보일 때가 많다.

while 접속사는 문장의 뒤에 위치한다. 2개 이상의 복문장에서 'while'의 조건에 해당하는 문장은 문장의 앞에 오고 'while'문장은 뒤에서 해당하는 조건을 설명하는 것이다. 그러니까 영어에서는 중요한 메시지를 전달하고자 하는 내용을 먼저 앞에서 설명하고 그 뒤에 해당 조건을 보여주는 것이다. 이러한 경우를 복문장에서 'Do-While'형이라고 필자가 명칭을 부여하였다. 7가지 복문장 규칙 중 하나이다. 이와 반대의 경우가 "if-then"형이다.

If-Then형은 Do-while과 반대 먼저 조건을 설명하고 그 조건에 대한 결과의 문장을 뒤에 놓는 것이다. 조건이 문장 전체에 영향을 주는 중요한 경우 If-then형을 사용한다. 우리말과 순서가 비슷하기 때문에 개념 파악이 좋고 실제 영작을 하거나 회화를 할 때 비교적 쉽게 나올 수 있다.

2.16 Be back home again

John Denver는 자연을 무척 사랑한 대표적인 포크 가수이며
컨트리 가수이기도 하고 싱어송 라이터이기도 하다.
그러나 자신이 직접 운전하며 비행을 하다가
산 속에서 생애를 마감한 아까운 예술인이다.
주옥 같은 많은 명곡을 남겼는데 그의 곡은 Folk에 매우 가까우면서도
Country의 느낌을 갖고 있어 부르기에 편안하다.
그의 노래들은 감상하는 노래가 아니라
다같이 기타 반주에 맞추어 Sing along으로 부르는 노래이다.

이 노래는 고향을 가고 싶어하는 마음을 아주 서정적으로 잘 표현한
아름다운 전형적인 컨트리음악이다.
가사가 다소 길긴 하지만 외워서 부를 수 있다면
비교적 음역대가 높지 않고 이야기하듯 편안하게 부를 수 있고
멜로디가 아름답고 부드러울 뿐만 아니라 귀에 쏙쏙 들어오는
쉬운 노래이기 때문에 처음 듣는 사람도 친근함을 느끼는 곡이다.
이 곡을 맛깔스럽고 멋지게 부르고 싶다면 기타의 반주가
좀 세련되고 잘 연주할 필요가 있다.
컨트리음악의 특징이 그렇듯 베이스 진행이 매우 중요하다.
소절이 끝 날 때마다 베이스의 진행을 잘하면
멜로디를 더욱 돋보이게 할 수 있다.
또 이 노래는 후렴 부분에서 화음을 넣어도 멋지고
만돌린이나 바이올린과 합주를 하여도 멋진 곡이다.
만일 콘트라베이스나 혹은 일렉 베이스기타로 베이스 진행을 강조하면
더욱 좋을 것이다. 만일 여의치 않으면 어쿠스틱 기타에
마이크를 연결하여 베이스 진행을 확대하면 비슷한 효과를 낼 수 있다.
베이스음이란 기타 코드의 밑음을 말하며 베이스 진행이란
코드가 바뀔 때 진행될 코드의 베이스 음으로
순차적 상행 혹은 하행하는 진행을 말한다.

2.16.A 한글 부분

Be back home again

폭풍이 계곡을 가로지르고 있네요.
구름들은 그 안에서 휘감고 있고.
당신의 어깨가 오후가 되니 무겁습니다.
4차선 도로 위에 1마일 아니 그 이상 멀리에
트럭이 한대 있네요.
바퀴의 도는 소리가 더 좁게 만들어요
하늘로 올라가는 당신의 기도들을 태운
트럭이 한 시간 이상 멀리 온 거지요
그리고 길 위에서 열흘이 거의 다 갔네요.
부드럽게 타고 있는 불이 있네요
난로 위에 저녁이 있고
그리고 당신의 눈 속에 빛이 있네요.
당신을 따스하게 만드는 빛 말이에요.

(후렴)
여보세요. 집에 돌아와 있으니 좋네요.
가끔 이 오래된 농장은 오래된 잃어버린 친구처럼 느껴져요
모든 게 그에게 말해 줄 소식들이에요.
당신은 시간을 어떻게 보내시는지요?
그리고 이웃들이 최근에 말해주는 것이 뭔가요?
또 당신 어머니가 지난 금요일 전화하셨어요.
"햇빛이 엄마를 울게 만들었대요"
그리고 "당신이 바로 어저께 아기가 움직이는 걸 느꼈대요"

오!, 이제 이 피곤해 지친 몸을 눕힐 수 있네요.
그리고 내 위에 있는 당신의 손가락들이
부드러운 깃털처럼 느껴져요
내가 살아가는 이유인 키스들과
나의 길을 밝게 비추는 사랑
당신과 함께 그런 삶인 나에게 가져다 주는 행복
당신과 함께 보내는 바로 그 시간들이
내가 아는 것 중에 가장 달콤한 것이에요.
그 작은 것들이 집을 가정으로 만든 거지요.
**부드럽게 타오르는 불꽃과 난로 위에 저녁처럼
당신 눈 속에 있는 그 빛이
나를 따스하게 만들어줘요**

2.16.A-1 영작 1단계 - 문장 찾기와 여러 개로 구분하기

1	폭풍이 있네요
2	구름들이 휘감고 있고
3	오후는 무겁습니다
4	트럭이 한대 있네요
5	그의 바퀴 도는 소리가 더 춥게 만들어요
6	그는 한 시간 이상 멀리 온 거지요
7	열흘이 거의 다 갔네요
8	불이 있어요
9	저녁이 있어요
10	빛이 있네요
10-1	당신을 따스하게 만드는 빛 말이에요
11	좋네요
12	이 오래된 농장은 오래된 잃어버린 친구처럼 느껴져요
13	모든 게 소식들이에요
13-1	어떻게 시간을 보내셨는지요
13-2	최근의 것들이 무엇이지요
13-3	이웃들이 말하여 주는 것이
14	어머니가 전화를 하셨어요
14-1	햇빛이 엄마를 울게 만들었대요
14-2	당신이 아기가 움직이는 것을 느꼈대요
15	피곤해 지친 몸을 눕힐 수 있네요
16	당신의 손가락들이 느껴져요
17	내가 살아가는 이유인 키스들
18	나의 길을 비추는 사랑
19	나에게 가져다 주는 행복
20	가장 달콤한 것이에요

20-1	내가 아는 것 중에
21	가장 작은 것들이에요
21-1	집을 가정으로 만들어 준 것이
22	나를 따스하게 만들어주는 그 빛

2.16.A-2 영작 2단계 – 주어, 동사 찾기와 동사의 시제 결정하기

1	있네요	현재
2	구름들이 휘감고 있고	현재진행
3	오후는 ~입니다	현재
4	있네요	현재
5	그의 바퀴 도는 소리가 만들어요	현재
6	그는 있지요	현재
7	열흘이 거의 다 갔네요	현재
8	있어요	현재
9	저녁이 있어요	현재
10	있네요	현재
10-1	만들어요	현재
11	~네요	현재
12	이 오래된 농장은 느껴져요	현재
13	있어요	현재
13-1	보내시는지요	현재
13-2	무엇이지요	현재
13-3	이웃들이 말하여 주는 것이	현재
14	어머니가 전화를 하셨어요	과거

14-1	햇빛이 만들었대요	과거
14-2	당신이 느꼈대요	과거
15	눕힐 수 있네요	현재
16	느껴져요	현재
17	내가 살아가는 이유인 키스들	현재
18	나의 길을 비추는 사람	현재
19	나에게 가져다 주는 행복	현재
20	이에요	현재
20-2	내가 아는 것 중에	현재
21	이에요	현재
21-1	만들어줘요	현재
22	만들어주는 그 빛	현재

2.16.A-3 영작 3단계 – 문장의 형식 결정

1	폭풍이 있네요	P2
2	구름들이 휘감고 있고	P1
3	오후는 무겁습니다	P2
4	트럭이 한대 있네요	P2
5	그의 바퀴 도는 소리가 더 춥게 만들어요	P5
6	그는 한 시간 이상 멀리 온 거지요	P1
7	열흘이 거의 다 갔네요	P1
8	불이 있어요	P2
9	저녁이 있어요	P1
10	빛이 있네요	P2

10-1	당신을 따스하게 만드는 빛 말이에요	P5
11	좋네요	P2
12	이 오래된 농장은 오래된 잃어버린 친구처럼 느껴져요	P3
13	모든 게 소식들이에요	P2
13-1	어떻게 시간을 보내셨는지요	P3
13-2	최근의 것들이 무엇이지요	P2
13-3	이웃들이 말하여 주는 것이	P3
14	어머니가 전화를 하셨어요	P3
14-1	햇빛이 엄마를 울게 만들었대요	P5
14-2	당신이 아기가 움직이는 것을 느꼈대요	P5
15	피곤해 지친 몸을 눕힐 수 있네요	P3
16	당신의 손가락들이 느껴져요	P3
17	내가 살아가는 이유인 키스들	P3
18	나의 길을 비추는 사랑	P3
19	나에게 가져다 주는 행복	P4
20	가장 달콤한 것이에요	P2
20-1	내가 아는 것 중에	P3
21	가장 작은 것들이에요	P2
21-1	집을 가정으로 만들어 준 것이	P5
22	나를 따스하게 만들어주는 당신 눈 속에 그 빛	P5

2.1.16.A-4 영작 4단계 - 영어의 Pattern 순서로 위치 변경

no	S	V	C or O	O or C	P#
1	가인칭	있네요	폭풍이	-계곡을 가로지르는	2
2	구름들이	휘감고 있어요			1
3	오후는	입니다	무겁습니다	-당신의 어깨에서	2
4	가인칭	있네요	트럭 한대가	-4차선 도로 위에 -1마일 아닌 그보다 멀리에	2
5	바퀴의 도는 소리가	-정말 만들어요	이 것을	더 좁게	5
6	그는	이지요	-한 시간 멀리 -당신의 기도들을 태운 것으로부터	-하늘로 올라가는	1
7	-그리고 열흘이 -길 위에서	거의 다 갔네요			1
8	가인칭	있네요	불이	-부드럽게 타고 있는	2
9	저녁이	있네요	-난로 위에서		1
10	-그러나 가인칭	있네요	불빛이	-당신의 눈 속에	2
10-1	그것이	만들어요	그를	따스하게	5

11	-여보세요 -가인칭	이에요	좋아요	-있다는 것이 -돌아와서 -집에 -다시	2
12	-가끔 이 오래된 농장이	느껴져요	-처럼 오래된 잃어버린 친구		3
13	가인칭	있어요	모든 소식들이	-말하려는 -그에요	2
13-1	-어떻게 당신은	보내시는지요	당신의 시간을		3
13-2	-그리고 무엇	인가요	가장 최근 것 (13-3)		2
13-3	이웃이	말해주는			3
14	-그리고 당신 어머니가	전화를 하셨어요	(14-1) -and (14-2)	-지난 금요일에	3
14-1	햇빛이	만들었어요	그녀를	울게	5
14-2	당신이	느꼈어요	아기가	움직이는 것을 -바로 -어제	5
15	-오 -그 시간 나는	눕힐 수 있어요	이 피곤한 몸을		3

16	-그리고 난	느껴요	당신의 손가락들을	-부드럽고 깃털인 -내 위에서	3
17	-키스들 내가	살아가는 이유인			3
18	-사랑 그것이	밝혀줘요	나의 길을		3
19	-행복 -삶 -당신과 함께 그것이	가져다 주는	나에게		4
20	가인칭	입니다	가장 달콤한 것		2
20-1	내가	아는 것	-바로 -보내고 있는 -시간	-당신과 함께	3
21	가인칭	입니다	가장 작은 것 (21-1)		2
21-1	그것이	만들어요	집을	가정으로	5
22	-처럼 -부드럽게 타는 불 -그리고 -저녁 -난로 위에 -빛				

| | -당신의 눈 속에 그 것이 | 만들어요 | 나를 | 따스하게 | 5 |

Be back home again

There is a storm across the valley,
Clouds are rolling in,
The afternoon is heavy on your shoulders.
There is a truck out on the four lane, a mile or more away,
The whining of his wheels just makes it colder.
He is an hour away from riding on your prayers up in the sky
And ten days on the road are barely gone.
There is a fire softly burning,
Supper is on the stove,
But it is the light in your eyes
that makes him warm.

(refrain)
Hey, it's good to be back home again.
Sometimes this old farm feels like a long lost friend.
Yes, hey it's good to be back home again.

There's all the news to tell him,
"How do you spend your time?"
and what is the latest thing the neighbors say?
And your mother called last Friday,
Sunshine made her cry
and you felt the baby move just yesterday.

Oh, the time that I can lay this tired old body down,
And feel your fingers feather soft upon me.
The kisses that I live for
The love that lights my way.
The happiness that living with you brings me.
It's the sweetest thing I know of,
just spending time with you.
It's the little things
that make a house a home.
Like a fire softly burning and supper on the stove.
the light in your eyes that makes me warm.

(* 읽기 목표 시간 – 75초)

2.16.B-1 번역 1단계 - 문장 구분하기

1	There is a storm
2	Clouds are rolling in
3	The afternoon is heavy
4	There is a truck
5	The whining of wheels just makes it colder
6	He is
7	Ten days on the road are barely gone
8	There is a fire
9	Supper is
10	It is the light
10-1	that makes him warm
11	It is good
12	This old farm feels like a long lost friend
13	There is all the news
13-1	how do you spend your time?
13-2	what is the latest thing
13-3	neighbors say
14	Your mother called
14-1	sunshine made her cry
14-2	and you felt the baby move
15	The time that I can lay this tired old body down
16	(I) feel your fingers feather soft
17	The kisses that I live for
18	The love that lights my way
19	The happiness that living with you brings me.
20	It is the sweetest thing
20-1	I know of

21	It is the little things
21-1	that make a house a home
22	The light that makes me warm

2.16.B-2 번역 2단계 - 주어, 동사 찾기와 동사의 시제 파악

1	There is	현재
2	Clouds are rolling in	현재진행
3	The afternoon is	현재
4	There is	현재
5	The whining of wheels just makes	현재
6	He is	현재
7	Ten days on the road are barely gone	현재
8	There is	현재
9	Supper is	현재
10	It is	현재
10-1	that makes	현재
11	It is	현재
12	This old farm feels	현재
13	There is	현재
13-1	how do you spend	현재
13-2	what is	현재

13-3	neighbors say	현재
14	Your mother called	과거
14-1	sunshine made	과거
14-2	and you felt	과거
15	The time that I can lay	현재
16	(I) feel	현재
17	The kisses that I live for	현재
18	The love that lights	현재
19	The happiness that living brings	현재
20	It is	현재
20-1	I know of	현재
21	It is	현재
21-1	that make	현재
22	The light that makes	현재

2.16.B-3 번역 3단계 - 문장의 형식 파악

1	There is a storm	P2
2	Clouds are rolling in	P1
3	The afternoon is heavy	P2
4	There is a truck	P2

5	The whining of wheels just makes it colder	P5
6	He is	P1
7	Ten days on the road are barely gone	P1
8	There is a fire	P2
9	Supper is	P1
10	It is the light	P2
10 -1	that makes him warm	P5
11	It is good	P2
12	This old farm feels like a long lost friend	P3
13	There is all the news	P2
13 -1	how do you spend your time?	P3
13 -2	what is the latest thing	P2
13 -3	neighbors say	P3
14	Your mother called	P3
14 -1	sunshine made her cry	P5
14 -2	and you felt the baby move	P5
15	The time that I can lay this tired old body down	P3
16	(I) feel your fingers feather soft	P5
17	The kisses that I live for	P3
18	The love that lights my way	P3
19	The happiness that living with you brings me.	P4
20	It is the sweetest thing	P2

20-1	I know of	P3
21	It is the little things	P2
21-1	that make a house a home	P5
22	The light that makes me warm	P5

2.16.B-4 번역 4단계 - 복문장의 경우 문장과 문장간의 관계 파악

10	It is the light(10-1) in your eyes	
10-1	that makes him warm	10번 문장의 the light를 설명하는 말. That이 관계대명사이면서 동시에 이 문장의 주어로 사용되었다.
13	There is all the news to tell him (13-1)	
13-1	"How do you spend your time?"	13번 문장의 'to tell'의 2번째 목적어 즉 직접목적어 자리에 온 문장. 구태여 표현하면 '직접목적절'이라고 할 수 있다. 필자의 저서 '복문장 영작의 모든 것'에서 언급한 복문장 6번째의 규칙 중 본동사가 아닌 동사의 목적어로 온 문장이다.
13-2	"What is the latest thing(13-3)?"	13-1과 마찬가지로 13번 문장의 'to tell'의 직접목적어로 온 문장
13-3	neighbors say	13-2문장 thing에 대한 설명

14	Your mother called (14-1)	
14-1	Sunshine made her cry	14번 문장 called의 목적어로 사용된 문장으로 직접화법(마치 직접 사람 앞에서 말하듯이)으로 표현되었다.
14-2	and you felt the baby move	14번 문장 call의 2번째 목적어로 온 문장
20	It is the sweetest thing(20-1)	
20-1	it is the little things.	20번 문장 thing을 설명하는 말
21	It is the little things(21-1)	
21-1	that make a house a home	21번 things를 설명하는 문장이며 여기서 that은 관계대명사이면서 동시에 이 문장의 주어로 사용되었다. 그래서 that을 복수 취급하여 make에 's'를 붙이지 아니한 것이다.

2.16.B-5 번역 5단계 - Pattern의 순서로 분리

no	S	V	C or O	O or C	P#
1	There	is	a storm	-across the valley	2
2	Clouds	are rolling in			1
3	The afternoon	is	heavy	-on your shoulders	2
4	There	is	a truck	-out on the four lane -a mile -or more away	2
5	The whining of his wheels	-just makes	it	colder	5
6	He	is	-an hour away -from riding on your prayers	-up in the sky	1
7	-And ten days -on the road	are barely gone			1
8	There	is	a fire	-softly burning	2
9	Supper	is	-on the stove		1
10	-But it	is	the light(10-1)	-in your eyes	2

10-1	that	makes	him	warm	5
11	-Hey, it	is	good	-to be back home -again	2
12	-Sometimes this old farm	feels	-like a long lost friend		3
13	There	is	all the news	-to tell -him	2
13-1	-how -do you	spend	your time		3
13-2	-and what	is	the latest thing (14-3)		2
13-3	the neighbors	say			3
14	-And your mother	called	(14-1) and (14-2)	last Friday	3
14-1	sunshine	made	her	cry	5
14-2	you	felt	the baby	move -just yesterday	5

15	-Oh **the time that** **I**	can lay	this tired old body down		3
16	-And **(I)**	feel	your fingers	feather soft -upon me	5
17	The kisses -that **I**	live for			3
18	The love **that**	Lights	my way		3
19	The happiness -that **living** -with you	brings	me		4
20	**It**	is	the sweetest thing(20-1)		2
20-1	**I**	know of	-just spending -time	-with you	3
21	**It**	is	the little things (21-1)		2
21-1	**that**	make	a house	a home	5
22	-Like a fire softly burning and supper on the stove				

| 22 | the light -in your eyes that | makes | me | warm | 5 |

2.16.C. 영작 부문

It is the little things that make a house a home.

2문장으로 구성

(1) It is the little things
의역 -> 가장 작은 것들입니다..
(주어 + 동사 + 보어 ; P2 현재)

주어가 없을 때는 'it'를 주어로 사용한다. 이럴 때 가짜 주어라고 하여 가인칭 주어라고 하며 이 때 주어 'it'는 3인칭으로 간주하여 'is'가 온 것이다. 주격보어의 내용이 'the little things'임에도 불구하고 'are'를 사용하면 안된다. Be 동사의 변화는 주어의 단수, 복수에 따라 달라지는 것이다.

간혹 'There are the little things.'라고 하는 경우는 원래 틀린 것인데 어느 순간부터 이렇게 틀린 영어가 사용되어 관습적으로 굳어졌다. 하지만 공식 문서나 교과서, 오래된 문서에 보면 아무리 보어가 복수라 하여도

There is the little things'라고 쓰여져 있다.

(2) That make a house a home..
의역 -> that이 집을 가정으로 만듭니다.
(주어 + 동사 + 목적어 + 목적보어 ; P5 현재)

여기서 that은 (1)번 문장에 있는 the little things를 칭하는 관계대명사인데 그러면서 동시에 이 문장에서는 주어로 사용되었다. 그러므로 앞의 선행사인 'the little things'가 복수이므로 동사 'make'에 's'를 붙이지 아니한 것이다.

(3) The kisses that I live for.
   의역 -> 내가 살아가는 이유인 키스들

   원래는 I live for the kisses라고 해야 하지만 이렇게 단어를 먼저 말하고 그 뒤에 관계대명사 that을 사용하여 그를 설명하는 문장으로 만들면 단어를 강조하는 시적인 표현처럼 보인다.

(4) The love that lights my way.
   의역 -> 나의 길을 밝혀주는 그 사랑

   이 문장도 위의 (3)번과 같이 'the love'를 강조하기 위해 이러한 방법의 형태로 문장을 만든 것이다.

You are my sunshine

The other night, Dear,
as I laid sleeping
I dreamed I held you in my arms
But when I awoke, Dear,
I was mistaken
and I held my head and I cried

(refrain)
You are my sunshine, my only sunshine
You make me happy
when the skies are grey
You'll never know, Dear,
how much I love you
Please don't take my sunshine away

you told me once, dear,
you really loved me
and no one else could come between
But now you've left me and love another
You have shattered all of my dreams

Sweet Caroline

Where it began
I can't begin to knowing
But then I know it's growing strong
Was in the spring
And spring became the summer
Who'd have believed you'd come along
Hands, touching hands
reaching out, touching me, touching you
Sweet Caroline
Good times never seemed so good
I've been inclined
to believe they never would

But now I look at the night
And it don't seem so lonely
We fill it up with only two
And when I hurt
hurting runs off my shoulders
How can I hurt when holding you
Warm, touching warm
reaching out, touching me, touching you

I went to your wedding

I went to your wedding
although I was dreading
the thought of losing you
The organ was playing
my poor heart kept saying
"Your dreams, your dreams are through"

She came down the aisle, wearing a smile
a vision of loveliness
I uttered a sigh, whispered goodbye
Goodbye to my happiness

Your mother was crying
Your father was crying
And I was crying too
The teardrops were falling
Because we were losing you

Puff the magic dragon

Puff the magic dragon lived by the sea
and frolicked in the autumn mist in a land called Honah lee.
Little Jackie Paper loved that rascal Puff and
brought him strings and sealing wax and other fancy stuff
Oh, Puff the magic dragon lived by the sea
and frolicked in the autumn mist in a land called Honah lee.(repeat)

Together they would travel on a boat with billowed sails.
Jackie kept a lookout perched on Puff's gigantic tail
Noble kings and princess would bow when there they came.
Pirate ships would lower their flags
when Puff roared out his name.
Oh, Puff the magic dragon lived by the sea
and frolicked in the Autumn mist in a land called Honah lee.
A dragon lives forever but not so little boys
Painted wings and giant rings made way for other toys.
One gray night it happened
Jackie Paper came no more
And Puff that mighty dragon, he ceased his fearless roar.
His head was bent in sorrow.
Green scales fell like rain
Puff no longer went to play along the cherry lane.
Without his lifelong friend, Puff could not be brave.
So Puff that mighty dragon, sadly slipped into his cave.

The end of the world

Why does the sun go on shining?
Why does the sea rush to shore?
Don't they know
it's the end of the world
cause you don't love me anymore.
Why do the birds go on singing?
Why do the stars glow above?
Don't they know
it's the end of the world
It ended when I lost your love.

I wake up in the morning and I wonder
why everything is the same as it was
I can't understand
No, I can't understand
how life goes on the way it does.
Why does my heart go on beating?
Why do these eyes of mine cry?
Don't they know
it's the end of the world
It ended when you said good-bye.

Rhythm of the rain

Listen to the rhythm of the falling rain
telling me just what a fool I've been
I wish that it would go and let me cry in vain
and let me be alone again

The only girl I care about has gone away
looking for a brand new start
But little does she know
that when she left that day
along with her she took my heart

Rain please tell me now
"Does that seem fair for her to steal my heart away,
when she doesn't care,
I can't love another"
When my heart is somewhere far away
"Rain, won't you tell her that I love her so?"
please ask the sun to set her heart aglow
and rain in her heart
let the love we knew start to grow

Saddle the wind

It's my dream to see the world
and fly like a bird on the wind
to be free from the cares of the words
and never go home again

Saddle the wind
I'd like to saddle the wind
and ride to wherever you are
And you'll smile and cry and welcome me
Oh my darling that's how it's gonna be

Saddle the wind
I'd like to saddle the wind
and ride and ride till I'm by your side
And you'll laugh and cry and welcome me
Oh my darling that's how it's gonna be

If you are going to San Francisco

If you're going to San Francisco
be sure to wear some flowers in your hair
If you're going to San Francisco
you're gonna meet some gentle people there
For those who come to San Francisco
Summertime will be a love-in there
in the streets of San Francisco
gentle people with flowers in their hair
all across the nation such a strange vibration
people in motion
There's a whole generation with a new explanation
People in motion people in motion
for those who come to San Francisco
Be sure to wear some flowers in your hair
If you come to San Francisco
Summertime will be a love-in there

Sunrise Sunset

Is this the little girl I carried?
Is this the little boy at play?
I don't remember growing older,
When did they?
When did she get to be a beauty?
When did he grow to be so tall?
Wasn't it yesterday when they were small?
Sunrise Sunset, Sunrise Sunset
swiftly flow the days,
seedlings turn overnight to sunflowers,
blossoming even as they gaze...
Sunrise Sunset, Sunrise Sunset!
swiftly fly the years,
one season following another,
laden with happiness and tears...

Who will stop the rain

Long as I remember, the rain been coming down.
clouds of mystery pouring confusion on the ground.
Good men through the ages, tried to find the sun,
And I wonder, still I wonder,
who'll stop the rain.
I went down Virginia,
seeking shelter from the storm.
Caught up in the fable
I watched the tower grow.
Five year plans and new deals wrapped in golden chains.
And I wonder, still I wonder
who'll stop the rain.

Heard the singers playing
How we cheered for more.
The crowd then rushed together, trying to keep warm.
Still the rain kept pouring falling on my ears.
And I wonder, still I wonder
who'll stop the rain.

Swing low Swing chariot

(refrain) Swing low, sweet chariot
Coming for to carry me home
Swing low, sweet chariot
Coming for to carry me home

I looked over Jordan
What did I see
Coming for to carry me home
A band of angels coming after me
Coming for to carry me home

Well, I am sometimes up
and I am sometimes down.
Coming for to carry me home
But I know my soul is heavenly bound
Coming for to carry me home

Well, now if you get there before I do,
coming for to carry me home,
tell all my friends
that I am coming too.
Coming for to carry me home

Crying in the rain

I'll never let you see the way
my broken heart is hurting me
I've got my pride and I know how to hide
all my sorrow and pain
I'll do my crying in the rain

If I wait for cloudy skies
you won't know the rain from the tears in my eyes
You'll never know that I still love you so
though the heartaches remain
I'll do my crying in the rain

Raindrops falling from heaven
could never wash away my misery
But since we're not together
I look for stormy weather to hide these tears
I hope you will never see

Someday when my crying is done
I'm gonna wear a smile and walk in the sun
I may be a fool but till then, darling
You'll never see me complain
I'll do my crying in the rain

Mr. Lonely

Lonely, I'm Mr. Lonely,
I have nobody for my own.
I'm so lonely, I'm Mr. Lonely,
Wish I had someone to call on the phone.

I'm a soldier, a lonely soldier,
away from home through no wish of my own.
That's why I'm lonely, I'm Mr. Lonely,
I wish that I could go back home.

Letters, never a letter,
I get no letters in the mail.
I've been forgotten, yeah, forgotten,
Oh how I wonder
How is it?
I failed.

Now I'm a soldier, a lonely soldier,
away from home through no wish of my own.
That's why I'm lonely, I'm Mr. Lonely,
I wish that I could go back home

Wayfaring Stranger

I am a poor wayfaring stranger
while travelling through this world below
Yet there is no sickness, toil or danger
in that bright land to which I go

(refrain) I'm going there to see my father
I'm going there no more to roam
I am only going over Jordan
I am only going over home

I know dark clouds will gather round me
I know my way is hard and steep
But beauteous fields arise just before me
where God's redeemed their vigils weep

Be back home again

There is a storm across the valley,
Clouds are rolling in,
The afternoon is heavy on your shoulders.
There is a truck out on the four lane,
a mile or more away,
The whining of his wheels just makes it colder.
He is an hour away from riding
on your prayers up in the sky
And ten days on the road are barely gone.
There is a fire softly burning,
Supper is on the stove,
But it is the light in your eyes
that makes him warm.

(refrain)
Hey, it's good to be back home again.
Sometimes this old farm feels like a long lost friend.
Yes, hey it's good to be back home again.

There's all the news to tell him,
"How do you spend your time?"
and what is the latest thing the neighbors say?
And your mother called last Friday,
Sunshine made her cry
and you felt the baby move just yesterday.

Oh, the time that I can lay
this tired old body down,
And feel your fingers feather soft upon me.
The kisses that I live for
The love that lights my way.
The happiness that living
with you brings me.
It's the sweetest thing I know of,
just spending time with you.
It's the little things
that make a house a home.
Like a fire softly burning
and supper on the stove.
the light in your eyes
that makes me warm.

부록 #1 영어의 Pattern 순서로 위치 변경 (한글용)

no	S	V	C or O	O or C	P #
1					
2					
3					
4					
5					
6					
7					
8					
9					
10					
11					
12					
13					
14					

부록#2 Pattern의 순서로 분리 (영문용)

no	S	V	C or O	O or C	P#
1					
2					
3					
4					
5					
6					
7					
8					
9					
10					
11					
12					
13					
14